HISTÓRIA ANTIGA

COLEÇÃO HISTÓRIA NA UNIVERSIDADE – TEMAS

Coordenação
Jaime Pinsky e Carla Bassanezi Pinsky

Conselho
João Paulo Pimenta
Marcos Napolitano
Maria Ligia Prado
Pedro Paulo Funari

ESTADOS UNIDOS *Vitor Izecksohn*
GRÉCIA E ROMA *Pedro Paulo Funari*
HISTÓRIA ANTIGA *Norberto Luiz Guarinello*
HISTÓRIA CONTEMPORÂNEA *Luís Edmundo Moraes*
HISTÓRIA CONTEMPORÂNEA 2 *Marcos Napolitano*
HISTÓRIA DA ÁFRICA *José Rivair Macedo*
HISTÓRIA DA AMÉRICA LATINA *Maria Ligia Prado e Gabriela Pellegrino*
HISTÓRIA DA ÁSIA *Fernando Pureza*
HISTÓRIA DO BRASIL COLÔNIA *Laima Mesgravis*
HISTÓRIA DO BRASIL CONTEMPORÂNEO *Carlos Fico*
HISTÓRIA DO BRASIL IMPÉRIO *Miriam Dolhnikoff*
HISTÓRIA DO BRASIL REPÚBLICA *Marcos Napolitano*
HISTÓRIA IBÉRICA *Ana Nemi*
HISTÓRIA MEDIEVAL *Marcelo Cândido da Silva*
HISTÓRIA MODERNA *Paulo Miceli*
PRÁTICAS DE PESQUISA EM HISTÓRIA *Tania Regina de Luca*

Proibida a reprodução total ou parcial em qualquer mídia
sem a autorização escrita da editora.
Os infratores estão sujeitos às penas da lei.

A Editora não é responsável pelo conteúdo deste livro.
O Autor conhece os fatos narrados, pelos quais é responsável,
assim como se responsabiliza pelos juízos emitidos.

Consulte nosso catálogo completo e últimos lançamentos em **www.editoracontexto.com.br**.

Norberto Luiz Guarinello

HISTÓRIA ANTIGA

Coleção
**HISTÓRIA
NA UNIVERSIDADE**

Copyright © 2013 do Autor

Todos os direitos desta edição reservados à
Editora Contexto (Editora Pinsky Ltda.)

Mapista
Gilberto da Silva Francisco

Imagem de capa
Giovanni Paolo Panini, Capriccio *com o Panteão e outros monumentos* (óleo sobre tela)

Montagem de capa e diagramação
Gustavo S. Vilas Boas

Preparação de textos
Lilian Aquino

Revisão
Ana Paula Luccisano

Dados Internacionais de Catalogação na Publicação (CIP)
(Câmara Brasileira do Livro, SP, Brasil)

Guarinello, Norberto Luiz
História Antiga / Norberto Luiz Guarinello. –
1. ed., 9ª reimpressão. – São Paulo : Contexto, 2025.

Bibliografia.
ISBN 978-85-7244-794-2

1. Civilização antiga 2. História antiga I. Título.

13-03378   CDD-930

Índice para catálogo sistemático:
1. História antiga 930

2025

EDITORA CONTEXTO
Diretor editorial: *Jaime Pinsky*

Rua Dr. José Elias, 520 – Alto da Lapa
05083-030 – São Paulo – SP
PABX: (11) 3832 5838
contato@editoracontexto.com.br
www.editoracontexto.com.br

Sumário

INTRODUÇÃO
História Antiga e memória social 7

A história da História Antiga 17
A História Antiga contemporânea 29
O Mediterrâneo: processos de integração 47
Navegações 59
Cidades-Estados 77
Hegemonias 97
O imperialismo romano 127
O Império 139
Antiguidade Tardia 161

Conclusão 173

INTRODUÇÃO
História Antiga e memória social

A História chamada de Antiga faz parte do repertório cultural dos brasileiros. Não apenas é ensinada nas escolas, nos ensinos fundamental, médio e universitário, como representa, para muitos brasileiros, uma espécie de História das nossas origens como cultura e civilização. A História Antiga é vista, com maior ou menor conhecimento, como o ponto inicial de uma jornada que, através da História Medieval e da História Moderna, dá sentido ao processo de colonização europeia que nos formou e nos transformou em descendentes da Europa, em membros do Ocidente, participantes da civilização ocidental. Desde o século XIX, a "ocidentalização" de nossa História e de nossa memória foi um projeto consciente do Estado brasileiro e de nossas elites.

8 HISTÓRIA ANTIGA

A História Antiga ocupa, assim, uma parte importante em nossa identidade como pessoas e como nação. Pensar sobre a História Antiga é uma maneira de pensarmos e repensarmos nosso lugar em um mundo em rápida transformação. Não se trata de uma questão ociosa. A identidade de uma pessoa, um grupo ou uma coletividade inteira é o que lhe permite pensar sobre si mesmo, repensar seu passado e reconhecer seus limites e suas potencialidades para construir seu próprio futuro.

O estudo das identidades ocupa um lugar de destaque nas Ciências Humanas contemporâneas. Não apenas na História, mas também na Psicologia, na Antropologia e na Sociologia. Como veremos ao longo deste livro, a "questão" das identidades foi amplamente discutida nos últimos trinta anos. A ciência, hoje, recusa a ideia de que haja identidades raciais, étnicas ou de gênero que sejam naturais. As identidades são adquiridas e transformadas ao longo da vida e dos séculos. Elas são socialmente construídas, através de inúmeros processos, muitas vezes colocando pessoas e grupos em conflito, ou, pelo contrário, justificando conflitos já existentes.

Nossa identidade ocidental não advém apenas do estudo da História, nem, em particular, do estudo da História Antiga. Ela faz parte de um movimento político e cultural mais amplo, inserido nas nossas instituições e nas nossas práticas culturais, em nossos hábitos, na língua que falamos, nas influências que recebemos do exterior, nos filmes a que assistimos, na música que ouvimos, em nossas crenças religiosas, em nossa tolerância ou intolerância com o que é diferente de nós.

MEMÓRIA E SOCIEDADE

Como situar a História e a História Antiga nesse amplo quadro social de produção e reprodução de memória? Para entendermos a força específica da História que ensinamos e aprendemos, precisamos recolocá-la no seu devido lugar dentro das produções culturais de nossa sociedade. A História, da qual a História Antiga faz parte, é um tipo peculiar de memória social. E a memória social é fundamental para a criação de uma identidade coletiva.

Nem toda identidade deriva da memória, mas as identidades mais profundas, aquelas que parecem mais naturais e indiscutíveis, são as fundadas no passado e garantidas por ele. A memória é a grande fundadora e legitimadora das identidades, porque é ela que define quais são as mais importantes, quais não são fluidas e passageiras, quais são aquelas que adquirimos de nascença, como herança de nossos ancestrais.

Há muitas semelhanças entre as memórias individuais e as sociais. Toda memória, por exemplo, é composta por lembranças, que são mais ou menos valorizadas, mas também por esquecimentos de coisas e fatos que não deixaram vestígios de si, seja porque não são mais lembrados, seja porque algo ou alguém impede sua rememoração. Todo processo de memória é, além disso, um trabalho, um esforço sobre o tempo. É uma atualização que fazemos repetidamente, para além das lembranças "naturais" que nos permitem viver nosso dia a dia. Esse esforço para recordar e dar sentido ao presente se apoia naquilo que os historiadores chamam de lugares da memória. Na vida individual, esses lugares são nosso próprio cérebro, objetos de nosso passado, pessoas que conviveram conosco, locais que foram significativos em nossas vidas. A memória social também trabalha em lugares definidos, mas ao contrário da dos indivíduos, ela é compartilhada por várias pessoas: um grupo, uma etnia, um bairro, uma cidade ou, mesmo, toda a sociedade. Há uma grande diversidade de memórias dentro de uma mesma sociedade. Muitas se produzem paralelamente e, muitas vezes, entram em conflito, quando representam identidades contrastantes, grupos com interesses divergentes, diferentes visões do que seja a sociedade e de qual deve ser seu futuro.

A memória social é, com frequência, um campo de conflitos, no qual diferentes sentidos são conferidos ao passado: personagens e fatos distintos são valorizados ou rejeitados, interpretações são contrapostas, silêncios ou rememorações festivas se confrontam. Tradições contrastantes lutam por legitimidade no espaço social da memória através de diferentes lugares e meios: textos, monumentos, festividades, associações, veículos de comunicação, instituições e o próprio Estado.

No mundo contemporâneo, o Estado é o maior e mais eficaz produtor de memórias sociais. Ele necessita dessa produção de memória para

10 HISTÓRIA ANTIGA

sua própria legitimidade, mas, sobretudo, para manter uma identidade nacional e cívica, para dar sentido a sua existência como parte da vida dos cidadãos e da própria ideia de nação.

O Estado e as associações mais organizadas produzem memória de várias maneiras. Mas há um lugar crucial para sua produção e reprodução social na atualidade: a escola. Por meio dos currículos obrigatórios e dos livros didáticos, instituições estatais e privadas influenciam de modo decisivo a memória social de todos os brasileiros, não apenas dando sentido e unidade à História da nação brasileira, mas também inserindo-a no contexto bem mais amplo da História mundial. E isso da mais tenra idade ao ensino superior. Até os anos de 1970, essa História "oficial" tendia a ser a História dos grandes personagens, da formação do Estado nacional e das elites dominantes. Nas últimas décadas, perdeu seu caráter monolítico e sua proposta doutrinadora. Muitos esquecimentos passaram a ser lembrados e a História ensinada passou a dialogar com outros agentes de memória, como o movimento negro, o feminismo, o movimento operário. A História oficial, hoje, resulta de um diálogo, por vezes mesmo um confronto, entre diferentes grupos de interesse: educadores, movimentos sociais e os especialistas que produzem a História científica, que é, em grande parte, financiada pelo próprio Estado.

A HISTÓRIA CIENTÍFICA

A História científica ocupa um lugar especial na produção social de memória no mundo contemporâneo. Um lugar que não se confunde com o de outras memórias sociais, das quais ela é frequentemente crítica, nem do ensino oficial, que se apropria de alguns de seus métodos e conteúdos, mas não de seus objetivos. A História feita por historiadores é a principal fonte de legitimidade da memória social porque ela é científica.

Afirmar que a História é científica significa dizer que ela se apropria de seu objeto, o passado, do mesmo modo que as demais ciências: buscando um conhecimento possível e controlado sobre os acontecimentos e as ações humanas no passado e tentando interpretá-los. Para tanto, a

História se vale dos vestígios do passado (textos, objetos, estruturas) que sobrevivem no presente e os transforma em documentos, que são a base de qualquer interpretação segura. Documentos são recolocados na época de sua produção, agrupados, comparados e criticados. As informações que deles se podem tirar são então interpretadas à luz de modelos ou teorias sobre o funcionamento das sociedades humanas. Teorias diferentes produzem interpretações distintas, mas isso não retira o caráter científico do conhecimento histórico. Esses debates teóricos fazem parte do funcionamento de qualquer ciência, mesmo as chamadas "ciências exatas". É essa abertura para a discussão, baseada em documentos precisos e em teorias explícitas, que diferencia a História científica das demais formas de memória social. A História não produz a verdade sobre o passado, mas um conhecimento cientificamente controlado e capaz de ser debatido em termos científicos.

É preciso enfatizar o caráter científico da História, pois ele é muitas vezes contestado, como se fosse uma forma de ficção ou um exercício de retórica. Por outro lado, a História, como qualquer ciência, tem seus limites. Muitas das realidades do passado não deixaram vestígios e serão sempre ocultas para nós. Muitos dos vestígios representam a visão ou a vida de certos grupos, em detrimento de outros, com seus preconceitos, suas deformações, seu modo específico de encarar o mundo. Os mais ricos, as elites de cada época, tendem a ser mais representados na documentação que outros grupos sociais, tanto nos textos escritos como nos objetos que chegaram até nós.

Além disso, muitas das teorias que os historiadores empregam para explicar os eventos passados são mutuamente excludentes. Alguns historiadores privilegiam a História das relações de poder, outros das relações econômicas, outros do universo simbólico das relações culturais. Alguns defendem que as sociedades se desenvolvem no tempo de modo semelhante; outros que cada sociedade ou cultura deve ser entendida em seus próprios termos. Muitos historiadores buscam as causas das mudanças históricas em ações coletivas e conscientes, enquanto outros privilegiam a soma das ações individuais.

O que predomina na História humana: a cooperação, a competição, o conflito ou a busca de uma ordem que garanta a paz e a sobrevivência diária? Há uma só predominância ou ela varia de acordo com a sociedade

12 HISTÓRIA ANTIGA

e a época? Essas diferentes teorias sobre o ser humano e seu passado são um dos limites, mas também uma das riquezas da ciência histórica. Elas impedem a História de ser um conhecimento fossilizado. Elas a impelem a ser um campo de debate científico sobre o passado e sobre o presente. Na medida em que essas teorias são explícitas e que os argumentos são retirados da documentação, a diversidade de visões do passado que os historiadores produzem não prejudica o caráter científico de seu trabalho.

A História, como as outras ciências, evolui, se transforma e se aperfeiçoa ao longo do tempo. Muitas vezes, para avançar, uma ciência precisa rever seus pressupostos. Necessita descobrir ou colocar em dúvida conceitos que não eram debatidos, porque eram considerados naturais. Repensar a História como um todo é muito saudável, pois significa repensar a nós mesmos, nossa identidade, nossa posição no mundo. Na última década, a História vem passando por uma reformulação radical de seus pressupostos mais antigos e a nova História Antiga é parte fundamental dessa mudança.

O impulso para essa inovação vem de um fenômeno recente, que afeta a vida de todos nós: a globalização ou mundialização do planeta. Para tentar entender os processos que levaram à integração do mundo contemporâneo, cada vez mais intensa, os historiadores precisam de uma História que seja mundial. Não é mais possível explicar a história contemporânea pela simples difusão e aceitação da civilização europeia pelos distintos povos do planeta, como se estes não tivessem Histórias próprias e diferentes; como se suas Histórias próprias não interferissem no processo atual de integração global. Não são os sucessos da globalização mundial, mas ao contrário, as dificuldades e os conflitos resultantes da integração que nos mostram que as outras Histórias, aquelas não europeias, são fundamentais para entendermos os problemas do mundo contemporâneo.

A NOVA HISTÓRIA ANTIGA

É nesse sentido que os historiadores, hoje, se perguntam sobre o significado e a amplitude da História Antiga. Embora seja uma disciplina consolidada em muitas universidades no mundo, não há uma definição explícita do que seja a História Antiga. Afinal, é a História de quê? O termo "Antiga", por si só, é apenas um adjetivo. Nada nos revela, explicitamente, sobre qual é o conteúdo dessa História. Na prática, tanto no ensino como na pesquisa, a História Antiga se limita a estudar os primórdios do Ocidente, após uma pré-história vaga e geral. É chamada de Antiga, pois se coloca no início de uma sequência: a História Medieval, a Moderna, a Contemporânea.

Não é a História Antiga do mundo, portanto, mas a História de um recorte bem específico do passado: o das origens do Ocidente. Ao assumirmos e ensinarmos que esta é a nossa História Antiga, fazemos um trabalho de memória e, como vimos, de produção de identidade. Assumimos, de modo quase natural e inconsciente, que somos parte da história do Ocidente. Outros conteúdos, que podem ser até mais antigos, nos são apresentados como a História de outros povos.

Sem nos darmos conta, para o bem e para o mal, a História Antiga nos ocidentaliza. Coloca-nos numa linha do tempo, nos posiciona na História mundial como herdeiros do Oriente Próximo, da Grécia e de Roma. Por ela, viramos sucessores da História Medieval, e a História do Brasil se torna um ramo da História europeia nos tempos modernos, quando nosso território foi colonizado pelos portugueses a partir do século XVI.

O efeito dessa forma de reconstruir a História não é inócuo. Sua ação sobre a memória coletiva e sobre a identidade do Brasil é bastante evidente. Vemo-nos como ocidentais e os textos bíblicos, o Egito, a Mesopotâmia, a Grécia e Roma parecem-nos mais próximos que as Histórias de outros povos e regiões. Não é uma visão falsa em si mesma: falamos uma língua latina, nossa cultura escrita deve muito aos clássicos gregos e latinos, nossas leis e nossa democracia inspiram-se também em textos desse mundo "antigo" e o cristianismo, que nasceu no Império Romano, é nossa religião dominante.

O problema central, para os historiadores, é o caráter implícito dessa memória. É isso que deve ser colocado em questão. Em que medida essa sequência temporal faz sentido? Basta-nos, hoje, uma História centrada na civilização europeia? Somos nós europeus? Podemos entender a globalização apenas a partir de uma perspectiva ocidental? E, afinal, o que é o Ocidente? Quem faz parte dele? Qual sua definição primordial: o cristianismo, a democracia, o capitalismo? São questões prementes do mundo contemporâneo e que abalaram as antigas convicções dos pesquisadores da História Antiga.

Se formos ainda mais longe, podemos nos perguntar sobre o sentido das divisões dentro da própria História Antiga. Nenhum especialista nessa área concorda hoje com o modo como a matéria é ensinada. A ideia de linha do tempo, de uma sucessão de Histórias, não faz sentido. Nenhum pesquisador sério, por exemplo, considera que a História da Grécia acabou quando a de Roma começou. A própria ideia de uma História da Grécia é debatida, pois não havia nenhum país com esse nome na Antiguidade, apenas gregos, com diversas Histórias.

Os historiadores buscam atualmente por novas unidades de estudo, que possibilitem romper com as antigas sequências históricas de uma suposta História Universal. Não porque fossem erradas ou arbitrárias, mas porque são anacrônicas. Elas não respondem mais às exigências contemporâneas de construção de uma História mundial de integração.

Esse é um ponto de suma importância! Não há erro nas interpretações passadas, mas acúmulo de conhecimento e superação. Os historiadores precisam escrever uma História que faça sentido para as preocupações do presente. Não há uma resposta final. Um dos pontos centrais da historiografia contemporânea é reconhecer que os quadros e as sequências que usamos para interpretar o passado são arbitrários. Eles não são naturais, mas resultados da reflexão dos historiadores. Serão sempre arbitrários. O importante é que sejam explícitos para poderem ser debatidos, criticados, alterados.

Os historiadores da chamada "História Antiga" têm procurado novos recortes, mais próximos ao que realmente pesquisam. Têm também desenvolvido outras linhas do tempo e outras maneiras de pensar suas especialidades no âmbito de uma História mundial. A História Antiga, dessa forma, se parece cada vez menos como o início da História. É uma forma de nos referirmos a uma História regional, específica de uma parte do globo terrestre e que, nem por isso, deixa de ter grande importância para a compreensão do mundo atual e da posição que nós, brasileiros, ocupamos nele.

Para entendermos essa reconfiguração da História Antiga é necessário, num primeiro momento, que nos voltemos para os lugares e os modos como foi construída, como projeto cultural e de memória, desde o chamado renascimento europeu. Esse é o tema do próximo capítulo.

SUGESTÃO DE LEITURA

Le Goff, J. *História e memória*. 5. ed. Campinas: Unicamp, 2010.
    Obra de referência sobre as relações entre a História vivida, a História científica e as produções sociais de memória.

A história da História Antiga

O que hoje denominamos de História Antiga foi, no princípio, um movimento cultural e literário de produção de memória a partir de textos e objetos. Após a dissolução do Império Romano ocidental, a lembrança de um passado pré-cristão foi aos poucos se dissolvendo. Os vestígios materiais do Império eram como ruínas na paisagem, espaços da vida cotidiana, mas não lugares da memória. Na própria Roma, que fora capital do Império, o fórum era um lugar para o pastoreio de animais e as antigas construções e estátuas eram dissolvidas em grandes fornos para produzir cal. O passado, mesmo o bíblico, parecia comprimido num eterno presente, sem profundidade ou mudança.

18   HISTÓRIA ANTIGA

Testemunhos dessa visão do passado como imutável são as ilustrações de manuscritos medievais que mostram antigos personagens e feitos com a roupagem e os costumes de sua própria época. Mas o passado não fora simplesmente anulado. Por um lado, ele sobrevivia como trabalho morto, ou seja, como uma série de conhecimentos acumulados que nunca se dissolveram: na arte de forjar o ferro, na agricultura, na arquitetura, nos objetos artesanais da vida cotidiana, nos costumes. E isso, não apenas no que viria a ser a Europa Ocidental, mas por todo o espaço que fora ocupado pelo antigo Império Romano: tanto nas terras do Islã, quanto naquelas do Império de Bizâncio. Por outro lado, esse trabalho morto sobrevivia também como textos escritos, reproduzidos nos códices medievais e mantidos em diversas bibliotecas de particulares, de monastérios, ou mantidos na corte de Constantinopla, em grego, ou ainda preservados em árabe, circulando, sobretudo, no Mediterrâneo.

A CRIAÇÃO DO ANTIGO

A partir do século XII, esses textos passaram a ser cada vez mais procurados e difundiu-se, a partir da Itália, a ideia de que eles representavam algo diferente da cultura contemporânea: eram a herança escrita dos antigos. Muitos pensadores, poetas, artistas e curiosos da natureza começaram a debruçar-se sobre esses textos, extraindo os livros originais das grandes compilações manuscritas. A ideia de que tinha havido um mundo "antigo", anterior ao cristianismo, com uma cultura rica e singular, difundiu-se, aos poucos, pelas cortes europeias e pelos literatos. Essa cultura laica, livre do domínio da Igreja, parecia muito adequada aos novos tempos.

Fornecia novos padrões estéticos, novas formas de pensar as relações entre sociedade e Estado, de valorizar a riqueza e o comércio, de projetar novos futuros. Com a divulgação da imprensa, no século XIV, os grandes livros do "mundo antigo" foram reeditados e voltaram à vida. Autores como Homero, Virgílio, Aristóteles, Plutarco, Tito Lívio, Tácito e muitos outros passaram a fazer parte da cultura erudita por quase todo o oeste da Europa. A queda de Constantinopla para os turcos, no século XV, acentuou a redescoberta de textos gregos, ao mesmo tempo que colocou, de forma dramática, a oposição entre a Europa cristã e clássica e o mundo islâmico.

As antigas ruínas, às quais não se prestava atenção, passaram a ser consideradas testemunhos desse mundo "antigo". Edifícios foram descritos ou desenhados, estátuas e pinturas foram resgatadas, inscrições foram copiadas, moedas foram colecionadas e formaram-se as primeiras coleções de objetos "antigos". O impacto na cultura erudita, dos sábios e das cortes europeias, foi imenso. É a esse processo que se dá o nome equivocado de Renascimento. Não foi um renascer passivo, mas uma reconstrução profunda da memória, com objetivos bem presentes: rejeitar uma parte do passado mais recente, definindo-o como "Idade Média" ou "Idade das Trevas", para construir uma nova identidade, voltada para o presente e para o futuro.

Todos os grandes cientistas e artistas da Europa moderna viveram intensamente esse processo e contribuíram para ele: Copérnico, Michelangelo, Leonardo da Vinci, Cristóvão Colombo, Newton, Galileu, Thomas Hobbes, Camões, Shakespeare seriam impensáveis sem os "antigos". E a lista é infindável. A opção de reconstruir essa memória deixou uma marca profunda no que viria a ser a moderna concepção de Ocidente. A criação do "antigo" foi uma verdadeira revolução cultural que, aos poucos, atingiu todas as camadas da população. O "mundo antigo" tornou-se, assim, um participante ativo e necessário de outras revoluções: políticas, sociais e econômicas, cujas consequências sentimos até hoje.

A redescoberta do mundo dos antigos não conduziu, de imediato, à produção de uma História Antiga como a entendemos hoje. Um respeito profundo pelos textos em grego e latim, assim como pela Bíblia, impedia a leitura crítica dos textos antigos. Os famosos *Discursos sobre a História Universal*, escritos pelo francês Jacques Bossuet no século XVII, começavam com Adão e terminavam com Carlos Magno, com o qual findava a História Antiga. Não havia, ainda, uma História científica. Esta começou a ser firmar entre os séculos XVII e XVIII. Primeiramente como uma batalha cultural: a dos modernos contra os antigos. Esta se

20 HISTÓRIA ANTIGA

deu em todos os campos do conhecimento, das ciências e das artes. Foi o período da cultura europeia que se costuma chamar de Iluminismo.

O NASCIMENTO DA HISTÓRIA CIENTÍFICA

O surgimento da História científica coincidiu com o nascimento da História Antiga. Representou a junção das teorias sociais e políticas da época com a leitura crítica das fontes escritas antigas e a sistematização dos repertórios de fontes recolhidas pelos antiquários. A primeira grande obra sobre a História Antiga foi *O declínio e queda do Império Romano*, do escocês Edward Gibbon, escrita entre 1776 e 1788, que encarava o século II d.C. como a época áurea da humanidade e atribuía o declínio do Império, ao menos em parte, à influência nociva do cristianismo.

Várias ideias novas confluíram na construção da História Antiga como disciplina científica e muitas delas afetam seu ensino até os dias de hoje. A exclusão do Oriente foi uma delas. Em muitas universidades, o estudo da Bíblia, do Egito, da Mesopotâmia e do cristianismo tornaram-se especialidades à parte. A História Antiga passou a ser obra de especialistas, quase sem comunicação entre si. E permanece assim até hoje. Além disso, impulsionada pelo romantismo, a História Antiga tornou-se uma História de nações. Uma nação era concebida como sendo formada por um mesmo povo, com uma mesma língua, uma só ancestralidade, uma cultura comum, um só Estado. Para a maioria dos estudiosos, a História das nações europeias começava na História da nação grega.

Ao mesmo tempo que os modernos Estados nacionais surgiam na Europa, os historiadores da Antiguidade buscavam Estados e nações na Grécia e em Roma. Era inevitável que assim fizessem, pois era assim que concebiam que toda sociedade devia ter se organizado. Mas, dessa necessidade, surgiram dois dilemas, que ainda se refletem no ensino. Nunca houve um Estado grego, uma Grécia na Antiguidade, cuja História pudesse ser narrada de modo contínuo. Os gregos podiam ser considerados uma nação, mas sem um Estado único. E Roma era apenas uma cidade, em meio a tantas outras. E no período imperial, quando constituía real-

A HISTÓRIA DA HISTÓRIA ANTIGA   *21*

mente um único Estado, englobava muitas nações. A História do Império Romano tornava-se, assim, quase impossível, a não ser como a História da sucessão de imperadores individuais.

Essas questões conceituais apareceram nas primeiras Histórias da Grécia, como a escrita por George Grote (1846-1856), ou nas famosas Histórias de Roma, dos alemães Barthold Niebuhr, publicada entre 1812 e 1828, e de Theodor Mommsen (1854-1856). Ambos enfatizavam a História do Estado, dos grandes personagens e das grandes guerras. Não devemos considerá-las errôneas. Representam o conhecimento que se podia ter à época e foram verdadeiros marcos da História científica. Pela primeira vez, historiadores contemporâneos conseguiam interpretar fatos e acontecimentos de mais de dois milênios atrás com mais rigor e precisão que os historiadores antigos.

UM NOVO OLHAR PARA O PASSADO

Na segunda metade do século XIX, a História Antiga recebeu um novo impulso, proveniente da História Natural e do surgimento da Antropologia, da Sociologia e da Arqueologia. Abriram-se novos campos para o conhecimento das Ciências Humanas: a sociedade, a família, a comunidade, a economia, a cultura e a religião. O grande marco dessas novas concepções foi, sem dúvida, o livro de Charles Darwin, *A origem das espécies,* publicado em 1859. Mas Darwin era apenas parte de um movimento mais amplo.

A partir dos anos de 1860, a própria noção de tempo sofreu uma mudança drástica. Para fornecer um contraponto, em 1654, o bispo anglicano Ussher havia calculado a criação da terra no dia 4 de outubro de 4004 a.C. Foi essa noção de um tempo curto que as ciências, no final do século XIX, aniquilaram. Séculos e milênios se abriram. Não apenas para a evolução da vida, mas também para a transformação do próprio homem e da sociedade humana. O homem primitivo, que antes era visto apenas como um contemporâneo atrasado, passou a fazer parte da História de todos os homens. Toda a História passou a ser vista pelo ângulo da evolução, pelas etapas da evolução, pela noção de mudança e de progresso.

A própria ideia de evolução não era nova. Em 1774, o alemão Johann Winckelmann havia publicado sua *História da arte da Antiguidade*, influente até hoje, na qual organizava a arte grega em períodos e descrevia seu desenvolvimento até o que considerava seu ápice: a arte ateniense do período clássico (século V a.C.). Em 1825, um arqueólogo dinamarquês, Christian Thomsen, havia organizado as coleções de objetos do Museu Nacional da Dinamarca, recolhidas de sepulturas, segundo o que acreditava serem três períodos do desenvolvimento da tecnologia do homem pré-histórico: a Idade da Pedra, a Idade do Bronze e a Idade do Ferro. O catálogo de Thomsen foi extremamente influente, tendo sido traduzido para várias línguas. Criou uma forma de organizar o passado que, como veremos, ainda é importante.

Essas ideias, no entanto, só se tornaram hegemônicas entre o final do século XIX e o início do XX. As mais importantes foram: a ideia de evolução, a de civilização, a de progresso e a da superioridade da Europa sobre o resto do mundo. Elas estão intimamente ligadas ao desenvolvimento tecnológico e à expansão imperialista das potências europeias sobre o planeta. Foi no bojo delas que se desenvolveu outra ideia, que teria consequências dramáticas: a da superioridade racial dos europeus.

Foi nesse período que a História Antiga se tornou o início de uma linha progressiva de civilização. Graças às descobertas arqueológicas no Egito e na Mesopotâmia e à decifração dos hieróglifos e da escrita cuneiforme, alguns estudiosos colocavam o início dessa linha no Oriente Próximo, como o grande historiador alemão Eduard Meyer. Sua *História universal* foi a última a conseguir reunir, num todo, as Histórias do Egito, da Mesopotâmia, da Grécia e de Roma. Outros historiadores, a maioria, preferiam iniciá-la com o "milagre" grego. Foi então que se consolidou a ideia de que a História do Ocidente era o centro da História Universal e que a Europa capitalista representava o ápice da História mundial, a verdadeira civilização, cujo destino era o de expandir sua cultura superior para o restante do planeta. O Império Romano foi também repensado como instrumento de civilização ocidental. Com suas conquistas, o Império romanizara antigas regiões bárbaras, levando a elas a possibilidade de receberem e aceitarem a civilização greco-romana.

HISTÓRIA, ANTROPOLOGIA, ECONOMIA E SOCIOLOGIA

Um dos marcos da nova forma de pensar a História Antiga foi o livro *A cidade antiga*, do francês Fustel de Coulanges, publicado em 1864. A ideia central desse autor era de que a cidade greco-romana se originara da comunidade religiosa indo-europeia, centrada no culto ao fogo doméstico e aos ancestrais. Ela seria uma família progressivamente ampliada e transformada pela evolução das ideias religiosas.

De Coulanges, na verdade, dividiu seu livro em duas partes. Na primeira parte, apresentou uma espécie de pré-história da cidade antiga, que remontava às origens dos tempos e na qual a cidade era tratada como uma comunidade de culto oriunda da junção de famílias (gentes), e destas em tribos, e por fim em cidades, cada qual exclusiva, pois compartilhava deuses e rituais únicos. A cidade religiosa seria, assim, a unidade básica da História Antiga, vista como uma etapa no desenvolvimento da inteligência dos indo-europeus. Cada cidade seria uma igreja específica, embora os fundamentos da comunidade religiosa fossem comuns a todas elas. Seu particularismo era, portanto, seu traço de união, assegurado pela unidade da raça ariana.

Na segunda parte da obra, a que trata da cidade histórica propriamente, esta já aparecia em pleno processo de sua dissolução. Os vínculos comunitários teriam se enfraquecido progressivamente e as cidades assumido as características de sociedades em conflito, pelo poder e por bens materiais, o que preanunciava seu desaparecimento sob a conquista romana.

Dois autores, que não eram historiadores da Antiguidade, merecem uma menção especial, pois influenciaram muito a História Antiga na segunda metade do século XX: Karl Marx e Max Weber. Os escritos de

24 HISTÓRIA ANTIGA

Marx sobre a Antiguidade são esparsos e muitas vezes contraditórios. Há duas linhas de pensamento principais, que influenciaram a historiografia do século XX. A mais conhecida delas é claramente evolucionista. Marx definiu etapas do desenvolvimento histórico que denominou de modos de produção, caracterizados pelas diferentes relações de exploração entre proprietários e trabalhadores. Esses modos seriam universais e apareceriam na História como uma sequência: a comuna primitiva, o modo de produção asiático, o escravista, o feudal e o capitalista.

Mas foi em um rascunho escrito em 1857, intitulado *Formas que precedem a exploração capitalista*, que Marx apresentou sua mais bem elaborada visão da Antiguidade. Nesse texto, de caráter bastante especulativo, Marx contrapunha a forma da cidade greco-romana, que chamava de cidade antiga, com o que denominava de forma asiática e de forma germânica. Ao contrário do mundo contemporâneo, essas formas se caracterizariam por um forte vínculo comunitário, entendido como condição para a apropriação produtiva da terra. Na forma antiga, que aqui nos interessa, a comunidade também era a condição prévia da apropriação da terra, mas não aparecia na forma de uma comunidade superior – como no mundo asiático, que englobava as comunidades menores –, mas sim como uma associação única, a cidade. O trabalho da terra não era difícil, não sendo necessários esforços coletivos. O fator determinante era a presença de outras comunidades disputando o território. A guerra (e não as obras públicas) era a grande tarefa comunal.

A comunidade/cidade seria assim uma força militar. A concentração de moradias na cidade seria a base de uma organização bélica. A guerra, por sua vez, e a própria natureza da estrutura tribal anterior levariam à diferenciação entre os membros da comunidade (inferiores e superiores, conquistadores e conquistados, livres e escravos).

Seria dessa forma, segundo Marx, que a propriedade comunal teria se separado da propriedade privada. Na cidade antiga, a terra era apropriada e trabalhada individualmente, porque não necessitava de trabalhos coletivos. A comunidade, ou cidade, era a relação recíproca entre proprietários privados, sua aliança contra o exterior, sua garantia de propriedade. Na visão de Marx, era uma sociedade de pequenos camponeses que cultivavam a própria terra. Tornando-se mais prósperos, exploravam escravos estrangeiros.

Para ser proprietário privado, a condição prévia era ser membro da comunidade, era ser cidadão. O indivíduo se relacionava com a terra e com a comunidade ao mesmo tempo. O fato de possuir terra dependia da existência do próprio Estado. Mas a cidade só se mantinha se as diferenças entre seus cidadãos não fossem muito acentuadas. O crescimento da desigualdade entre os proprietários livres levava à guerra civil e à dissolução da comunidade.

O texto de Marx, apesar de conter alguns elementos presentes nos modelos contemporâneos, permaneceu praticamente desconhecido até o final dos anos de 1950 e não exerceu influência sobre os trabalhos imediatamente posteriores.

Max Weber, que conhecia bem as fontes da História Antiga, também centrou suas interpretações em torno da cidade antiga, sem se importar com as divisões tradicionais entre as Histórias da Grécia ou de Roma. Max Weber escreveu três textos fundamentais para o historiador da Antiguidade: *As causa do declínio da cultura antiga*, de 1896, *Relações agrárias na Antiguidade,* de 1898, e um texto denso e complexo, publicado postumamente em 1924 e que não diz respeito apenas à Antiguidade, *A cidade*. Não seria justo com Weber procurar contradições em seu pensamento ao longo de mais de 30 anos, nem exigir uma absoluta coerência. Vamos nos ater a alguns pontos que foram muito influentes para a História Antiga.

Como em Marx, a ideia essencial de Weber é a de que existiu uma cidade "ocidental", diferente daquela "oriental". A cidade ocidental caracterizava-se por ser uma comuna de agricultores, cidadãos independentes e proprietários privados. Já a cidade oriental era dominada por uma burocracia e dependia de um poder centralizado, que podia ser um palácio monárquico e guerreiro ou um grande templo.

Na cidade ocidental, que primeiro fora aristocrática, os pobres haviam ganhado, com sua cidadania e sua liberdade política, o direito de não serem explorados pelos mais ricos. Estes últimos dependiam da exploração racional do trabalho escravo, tanto no campo, como na cidade. A diferença entre a cidade antiga e a medieval era mais sutil. Para Weber, a cidade era o centro urbano que, como tal, diferenciava-se do espaço rural, podendo dominá-lo, ser dominado por ele, ou mesmo apartar-se do mundo rural.

Para Weber, tanto a cidade antiga como a medieval eram burguesas, no sentido de que se sobrepunham às grandes famílias, suprimiam as relações entre gentes aristocráticas e instituíam uma forma de poder público, e não familiar ou hereditário. Para Weber, a cidade antiga era, acima de tudo, a sede dos proprietários rurais, que viviam das rendas obtidas no campo. Nesse sentido, eram cidades consumidoras, pois não precisavam, ao contrário das cidades medievais, desenvolver uma produção artesanal própria para garantir seu abastecimento.

Por isso, mesmo sendo ocidentais, as cidades antigas não levaram ao desenvolvimento do artesanato e do capitalismo. Os artesãos não se organizavam em corporações de ofício, como nas cidades medievais, e a burguesia era instável. Preferia investir as riquezas do artesanato e do comércio em terras, para aumentar seu *status* social. A riqueza urbana do mundo antigo conduziu as elites a um estilo de vida ocioso, voltado para o luxo e a produção cultural: essa foi uma de suas fraquezas, mas também uma das causas do brilho da cultura antiga. O declínio do abastecimento de escravos, provocado pelo fim das conquistas do Império Romano, levou à queda da produção mercantil e racional, marcando a decadência da cidade antiga e a perda de brilho de sua cultura erudita.

* * * * *

Ao longo do século XIX, a disciplina de História Antiga se institucionalizou nas universidades europeias e seu ensino se difundiu pelos sistemas escolares criados pelos Estados nacionais nascentes. O aprendizado da

História Antiga, feito nos moldes tradicionais, como Histórias separadas de nações vistas em sucessão, atuava como contexto para a contemplação e compreensão dos textos "clássicos" escritos em latim e grego. O ensino dessas línguas mortas formava uma parte central no currículo escolar das elites ocidentais. Participar dessa cultura ilustre, de difícil aprendizado, legitimava a superioridade das elites, na Europa e no Brasil. Produzia, além disso, uma memória do "Ocidente", uma identidade "ocidental", que explicava e justificava o domínio dos países capitalistas, mais desenvolvidos tecnologicamente, sobre o restante do globo.

As Histórias do Oriente Próximo, da Grécia e de Roma foram parte de um amplo debate político, que opunha o despotismo oriental à liberdade individual do Ocidente: discutiam-se as vantagens e as desvantagens da democracia ateniense; debatiam-se a demagogia e a irracionalidade das massas; ou se procurava, nas virtudes morais e guerreiras dos romanos, uma explicação para o sucesso de seu imperialismo. A História Antiga não explicava, apenas, a superioridade do Ocidente. Ela também espelhava, em termos bastante amplos, os intensos conflitos sociais que agitavam as nações europeias.

O desenvolvimento da ciência histórica, no entanto, não estava apenas a serviço do poder. Embora partilhasse uma visão de mundo da qual era impossível, à época, escapar, desenvolveu conceitos inovadores para se pensar a História Antiga. Alguns deles seriam aplicados somente décadas depois, mas não devem ser minimizados. Por meio da análise crítica das fontes e do uso cada vez mais intenso das teorias sociais, a historiografia foi capaz de reformular por completo a visão que se tinha do mundo antigo. Este se tornara um mundo diferente do presente, que devia ser estudado em seus próprios termos, por meio de um conceito que lhe dava uma nova unidade: a cidade antiga.

SUGESTÕES DE LEITURA

Hartog, F. *A História de Homero a Santo Agostinho*. Belo Horizonte: UFMG, 2001.
Estudos sobre os principais historiadores da Antiguidade greco-romana, com trechos comentados de suas obras.

Joly, F. (org.). *História e retórica*: ensaios sobre a historiografia antiga. São Paulo: Alameda, 2007.
Coletânea de estudos escritos por especialistas brasileiros sobre as relações entre historiografia antiga e moderna.

Momigliano, A. *As raízes da historiografia moderna*. Bauru: Edusc, 2004.
Coleção de estudos do historiador italiano Arnaldo Momigliano – um dos maiores especialistas em historiografia sobre antiguidade do século XX.

Pires, F. M. (org.). *Antigos e modernos*: ensaios sobre a (escrita da) história. São Paulo: Alameda, 2009.
Coletânea de estudos do autor sobre as relações entre História e Historiografia antigas e modernas.

A História Antiga contemporânea

No decorrer do século XX, a tradição clássica e seus padrões morais, filosóficos e estéticos perderam progressivamente importância no seio da cultura viva. Seu ensino se cristalizou nos padrões estabelecidos no século XIX e assim permanece até hoje, tanto na Europa como no Brasil. Ainda perdura, como por inércia, a tradicional visão da História Antiga dividida em três partes: Oriente Próximo, Grécia e Roma. Ainda se ensina a História Antiga como a História Universal ou, no mínimo, como a História do Ocidente. Mas a disciplina científica conheceu, por outro lado, uma imensa expansão tornando-se, verdadeiramente, uma ciência internacional. Tornou-se uma referência no seio da ciência histórica.

30 HISTÓRIA ANTIGA

Há algumas explicações para isso: o fato de trabalhar com um conjunto de textos escritos delimitado, a literatura antiga que sobreviveu até nós e a necessidade de incorporar, cada vez mais, objetos como documentos, exigiram dos historiadores da Antiguidade um esforço incessante de atualização teórica. Isso representou um diálogo contínuo com os avanços das demais Ciências Humanas: a Sociologia, a Antropologia, a Ciência Política, a Economia, a Filosofia e, mais recentemente, os estudos culturais.

Desse modo, ao invés de permanecer estático, o conhecimento sobre esse "mundo antigo" transformou-se no mesmo ritmo das grandes transformações políticas, sociais e do pensamento ao longo do último século. Ele nunca deixou de dialogar com o presente e, nesse sentido, manteve-se sempre atual. Como veremos nas páginas seguintes, alguns eventos foram marcantes no processo de reinterpretação da História Antiga, alguns deles especificamente europeus, outros mundiais: as duas Grandes Guerras, a Revolução Russa, a revolução dos costumes nos anos de 1960 e 1970, a queda do Muro de Berlim e o fim do comunismo e, mais recentemente, os processos de globalização e suas crises.

MODERNISTAS

É nesse contexto de grandes mudanças que se insere uma das obras fundamentais da primeira metade do século XX, a *História social e econômica do Império Romano*, de Michael Rostovtzev, publicada em 1926. Exilado da Rússia comunista, Rostovtzev publicou um livro de grande impacto. Pela primeira vez, um historiador conseguia unir os dados das fontes literárias, a numismática, as inscrições e as descobertas arqueológicas em uma grande síntese.

A amplitude de seu conhecimento não foi ultrapassada até hoje, mesmo que suas teorias tenham sido largamente superadas. Rostovtzev via a Antiguidade com os olhos de seu tempo. Seu grande problema era explicar o declínio do Império Romano. Para isso, utilizou os instrumentos conceituais que sua própria época produzira.

A HISTÓRIA ANTIGA CONTEMPORÂNEA **31**

Para Rostovtzev existiam três fatores principais na mudança histórica: a acumulação de capitais, a luta de classes e a revolução. O Império Romano havia propiciado o surgimento de uma classe média na Itália conquistadora, que agia como contraponto entre a aristocracia rural e os cidadãos pobres. A conquista do Império produziu uma grande acumulação de riquezas, que a burguesia urbana transformava em capital. Empreendedora, urbana, racional, essa classe média teria revolucionado a produção para o mercado. Produzia bens artesanais e produtos agrícolas, como vinho e azeite, para obter lucros e gerar mais capital.

A expansão das cidades e o progresso da burguesia urbana seguiram de mãos dadas no apogeu do Império. Grande parte de sua obra foi dedicada, com efeito, à expansão da urbanização nas províncias do Império e às provas arqueológicas do crescimento do mercado de bens. Os limites à expansão da produção, que Rostovtzev não negava, deviam-se às dificuldades de transporte terrestre, que encareciam os produtos, à concorrência sem controles entre produtores provinciais e centrais e à pouca expansão do consumo. A maioria da população do Império era composta por escravos ou por camponeses explorados.

Dessa relação de exploração, Rostovtzev tiraria suas conclusões mais ousadas: uma revolta de camponeses e militares teria derrubado o Império no século III d.C. Um Estado militar e burocrático teria assumido o controle da sociedade antiga no século seguinte, suprimindo a liberdade individual, eliminando a burguesia e destruindo o capitalismo nascente.

O modelo de mudança histórica representado pela Revolução Russa é evidente na obra de Rostovtzev. Ela não apenas interpretava a História, mas defendia uma posição política. Isso é inerente às Ciências Humanas. É o próprio fato de podermos apontar essa posição que garante a cientificidade das chamadas Ciências do Homem. Esse limite ideológico de sua visão do passado não deve nos fazer esquecer o quanto ampliou nosso conhecimento.

Rostovtzev rompeu com as antigas barreiras entre História da Grécia e de Roma, aproximou Ocidente e Oriente, colocou a docu-

32 HISTÓRIA ANTIGA

mentação arqueológica – não a da História da Arte, mas a dos objetos cotidianos – no centro de sua argumentação. Mobilizou a Economia e a Sociologia contemporâneas para pensar de outro modo a Antiguidade tradicional. Foi, por fim, o grande marco de uma visão que é denominada, até hoje, de Modernista.

OS MARXISTAS

Um dos efeitos de longo prazo da Revolução Russa foi o surgimento de uma historiografia marxista sobre a História Antiga. Ela não se desenvolveu, contudo, na ex-União Soviética. Foi em alguns países europeus, como a França e a Itália, entre 1960 e 1980, que historiadores marxistas, ou influenciados por Marx, tentaram reinterpretar o mundo antigo. Mantiveram-se, como de resto os demais historiadores da época, dentro do quadro tradicional da divisão da História Antiga: Antigo Oriente Próximo, Grécia, Roma e o Império Romano.

Três linhas de pensamento dominaram a historiografia marxista: a importância dos modos de produção, em especial o chamado "asiático", as lutas de classe na cidade antiga e o desenvolvimento econômico na Itália escravista. Todas deram origem a amplos debates. A questão da existência de um modo de produção asiático foi levantada nos anos de 1960, para explicar a especificidade das sociedades do antigo Oriente Próximo. Combinava duas ideias de Marx: a de que uma sociedade se define por suas relações de propriedade e de exploração do trabalho (o seu modo de produção) e a de que as sociedades "asiáticas" eram específicas na História humana.

A base teórica era o mesmo manuscrito de Marx, de 1857, que citamos anteriormente. De maneira bem sumária, os defensores dessa perspectiva viam o antigo Oriente Próximo como um mundo de aldeias agrícolas cuja terra era possuída coletivamente. A necessidade de realizar grandes empreendimentos, envolvendo várias aldeias, como projetos de irrigação ou a busca de matérias-primas distantes, teria colocado essas aldeias sob o domínio de uma grande organização. Um templo, o do deus

A HISTÓRIA ANTIGA CONTEMPORÂNEA **33**

mais importante, ou um palácio, o do rei guerreiro, sugavam o excedente de produção e de trabalho das aldeias por meio de complexas burocracias. A riqueza agrícola acumulada era então distribuída para os sacerdotes, os militares, os artesãos e os próprios burocratas. Era nesse sistema de exploração e distribuição do excedente agrícola que se fundaria, por fim, a divisão do trabalho e a complexidade dessas sociedades "não ocidentais".

Com relação à cidade greco-romana, os historiadores marxistas tentaram se defrontar com um problema teórico que já estava presente em Marx: quais as causas das mudanças na História? Nos escritos do próprio Marx é possível encontrar duas respostas: a luta de classes e o desenvolvimento tecnológico. Para os defensores da primeira resposta, as razões da mudança histórica deviam ser semelhantes ao conflito que Marx via como fundamental em seu mundo: a luta entre capitalistas e proletários.

O problema teórico era encontrar os correspondentes dessas classes na cidade antiga. Mas essa correspondência era difícil de encontrar. Na cidade antiga, os cidadãos pobres lutavam contra os cidadãos ricos. Por exemplo, pela redistribuição de terras, pela abolição das dívidas ou por uma participação maior no poder. Mas todos os cidadãos livres exploravam, igualmente, os escravos, que não tinham cidadania nem direitos. Não havia saída teórica possível.

O grande clássico marxista desse tipo de abordagem foi o livro do historiador inglês Geoffrey de Ste. Croix, *A luta de classes na Grécia Antiga do período arcaico à conquista árabe*, de 1981. De Ste. Croix redefiniu o conceito marxista de classe social reunindo todos os membros de uma sociedade em dois grupos: exploradores e explorados. Escravos, camponeses endividados, arrendatários, mulheres, foram todos incluídos por ele na categoria de explorados. Com exceção da Atenas democrática do século v a.C., a História Antiga seria explicável pela contínua necessidade de derrotar os explorados, cada vez mais fragilizados e dependentes dos poderosos. A necessidade de obter mão de obra subjugada e de conter reivindicações seria, para ele, a chave das transformações no mundo antigo. A História Antiga era vista, assim, como uma longa e inevitável derrota dos explorados e o Império Romano como o ponto culminante desse processo.

34 HISTÓRIA ANTIGA

Para Ste. Croix, como para muitos marxistas dessa linha, a exploração no mundo antigo era um ato de poder e não uma relação puramente econômica, como no capitalismo. A expansão do poder imperial, primeiro sob Alexandre, depois com o Império Romano, teria ampliado o controle das elites sobre vários grupos subordinados de trabalhadores dependentes. Para a exploração do homem pelo homem no mundo antigo, não era necessário o controle das máquinas e da tecnologia do mundo moderno. Bastava a ampliação do poder. Nesse sentido, era um mundo que permanecia economicamente estagnado.

Muito diferente foi a discussão produzida pelos historiadores marxistas franceses e italianos ao longo da década de 1980. A grande referência era, à época, um arqueólogo italiano, Andrea Carandini. Em termos bem gerais, esses pesquisadores tinham como objetivo mostrar que o desenvolvimento econômico e tecnológico era possível mesmo em sociedades não capitalistas. Não estavam preocupados com a luta de classes, mas com o desenvolvimento econômico da Itália após a conquista do Mediterrâneo. Esse teria sido um momento especial na História Antiga.

Para resumir amplos debates em poucas linhas: as conquistas romanas tinham concentrado uma grande quantidade de riquezas na Itália. Estas teriam sido investidas em terras, homens (escravos) e tecnologia de ponta. Entre os séculos II a.C. e I d.C., a produção escravista para o mercado, racionalmente planejada e visando ao lucro, teria constituído uma "exceção dominante" no mundo antigo. Fazendas racionais e manufaturas produzindo em série teriam avançado sobre os mercados provinciais. Seria um caso de desenvolvimento econômico não capitalista. Os principais resultados foram publicados em um livro coletivo intitulado *Sociedade romana e produção escravista*, de 1981, que ainda é uma obra de referência.

O ponto mais forte dessa corrente foi o uso intensivo de documentos materiais: escavações de fazendas, análises qualitativas e quantitativas dos recipientes nos quais se transportavam produtos agrícolas, reavaliação de fontes escritas, como os grandes clássicos latinos sobre a agricultura (Catão, Varrão e Columela). O ponto fraco decorria de sua visão centrar-se exclusivamente na Itália e num período de três séculos. Após isso, o fim dos mercados provinciais, causado pela difusão de produtores locais, levara ao declínio da Itália, da produção mercantil e do escravismo. Não era uma visão de amplo fôlego, com a qual os historiadores marxistas tinham sempre se comprometido. Era a descrição de um soluço, de um breve momento, sem maiores consequências.

A principal crítica que se pode fazer a essa historiografia marxista é a de que, com frequência, era excessivamente teórica. A documentação empírica, que é a base do conhecimento histórico, era apenas utilizada para comprovar o que a teoria já pressupunha.

Após a queda do Muro de Berlim e o fim da União Soviética, a historiografia marxista praticamente desapareceu. Algumas de suas motivações, no entanto, permaneceram: a importância de se explicitar as bases teóricas de uma interpretação; a percepção da importância do conflito social no estudo do passado e do presente; a valorização do trabalho humano como o fator fundamental da produção e reprodução das sociedades; a enunciação clara de que a riqueza provém da apropriação e exploração do trabalho de outros. Por fim, a consciência de que o brilho da cultura antiga se apoiava na exploração dos despossuídos e, em especial, dos que pareciam despossuídos de tudo, até de seus corpos: os escravos.

FINLEY E OS PRIMITIVISTAS

Foi no contexto da Guerra Fria, igualmente, que se desenvolveu a obra do estadunidense Moses Finley, que muitos consideram o mais influente historiador da Antiguidade na segunda metade do século xx. Seus textos mais importantes são posteriores a seu exílio, vivido na Universidade de Cambridge, na Inglaterra, onde se refugiou após a perseguição "macarthista" contra a esquerda norte-americana no final dos anos de 1950.

Moses Finley não era um historiador marxista. Mas sua visão da História, como a de muitos historiadores de sua geração, foi fortemente influenciada pelo debate com o marxismo. Em seu livro mais influente, *A economia antiga*, publicado em 1973, Finley fez questão de expor seus pressupostos teóricos, como faziam os marxistas. Seus textos não eram apenas um relato ingênuo do que "aconteceu" na História, mas interpretações colocadas no contexto de um debate científico e político mais amplo, que ultrapassava em muito as fronteiras especializadas da História Antiga.

Nos textos de Finley, as Histórias de Grécia e Roma aparecem unificadas. Elas formam um mundo antigo, greco-romano, diferente do Antigo Oriente Próximo. Sua unidade é dada pela prevalência da propriedade privada e das cidades no espaço geográfico do Mediterrâneo. Ou, mais precisamente, pelo espaço ocupado pelo Império Romano em sua máxima extensão. Esse é o "mundo antigo" de M. Finley, definido por uma forma de economia, de sociedade e de psicologia própria e específica na História.

O ponto-chave de sua argumentação, em oposição aos modernistas e aos marxistas, é o de que esse mundo antigo era completamente diferente do capitalismo moderno. A produção econômica era basicamente agrícola e local. Em cada cidade, a elite fundiária explorava os trabalhadores do campo, consumindo os produtos de suas próprias terras. O artesanato quase não tinha importância, os comerciantes formavam um grupo socialmente desprezado e os mercados eram pequenos. Tampouco havia classes sociais, mas uma linha contínua de múltiplas relações de dependência, que preenchiam o espaço entre o livre e o escravo.

Para os livres, o que importava era seu prestígio social. Quando e se enriqueciam, investiam sua riqueza no consumo e na cidade, para aumentar seu prestígio. Não tinham, assim, uma mentalidade empresarial. Nem poderiam ter, pois na falta de um mercado, não fazia sentido concorrer para produzir mais barato. A racionalidade econômica do capitalismo era impossível. Predominava uma racionalidade política, num mundo eternamente rural. As cidades nunca teriam se tornado verdadeiros centros de produção ou de comércio, que sobrepujassem a importância do campo. Teriam permanecido, sempre, "cidades consumidoras" – seus centros urbanos seriam "parasitas" das zonas rurais.

Em uma obra posterior, publicada em 1980, *Escravidão antiga e ideologia moderna*, Finley fez algumas concessões a sua visão de um mundo antigo imutável. Nesse livro, apontou duas grandes exceções: Atenas e a Itália Romana, no período de criação de seus impérios. Em Atenas no século V a.C. e na Itália no século II a.C., o campesinato havia conquistado sua liberdade política e a plena cidadania. Não se dispunha mais a trabalhar para outros cidadãos. Era algo abaixo de sua dignidade e de seu prestígio. Isso teria forçado os proprietários ricos a importarem maciçamente escravos para trabalharem em suas propriedades. Atenas e a Itália romana teriam se transformado em sociedades escravistas, como as do Brasil, do Caribe e do sul dos EUA no período moderno.

A escravidão antiga teria sido, assim, não um desenvolvimento econômico, mas o resultado dos conflitos entre homens livres ricos e pobres dentro de cada cidade. A liberdade dos cidadãos seria o reverso da escravidão de outros, dos estrangeiros. Com a perda do poder político e dos direitos dos cidadãos, sobretudo no Império Romano, a escravidão teria, pouco a pouco, se tornado desnecessária. Dessa maneira, embora tenha relativizado sua visão de um mundo antigo imóvel, Finley continuou ressaltando o primado da política sobre a economia.

A obra de M. Finley foi um verdadeiro marco na historiografia. Seu uso explícito e consciente da teoria social, especialmente de Max Weber e Karl Polanyi, obrigou os demais historiadores da área a mudarem a forma de analisar as fontes e de debater sobre a especificidade do passado. O Primitivismo de Finley, como foi chamado, tornou-se uma espécie de ortodoxia. Embora o debate dure até hoje e muito da radicalidade de Finley tenha sido amenizada, termos como *capitalismo, burguesia* ou mesmo *classes sociais* foram praticamente banidos entre os historiadores da Antiguidade.

A ESCOLA DE PARIS

Também no campo do pensamento e da cultura ocorreram intensos debates, provocando questões até hoje influentes. Quais as raízes da razão ocidental? Estariam suas origens na Grécia antiga? Essa era a visão tradicional, sobretudo no campo da Filosofia. Na segunda metade do século XX, essa perspectiva foi duramente atacada. Um historiador se destacou nesse debate, o francês Jean Pierre Vernant. Como os marxistas e Moses Finley, Vernant também se apoiava em uma teoria social explícita, mas suas bases eram outras: a Psicologia Social, a Antropologia, a Sociologia das Religiões.

38 HISTÓRIA ANTIGA

Para Vernant, era na religião grega que se expressavam todas as dimensões de sua vida. Vernant entendia a religião de modo amplo. Não era apenas uma crença, mas também uma forma de encarar o mundo. A religião se expressava na política, na economia, nas relações sociais, na psicologia do homem grego. Essa perspectiva conduziu Vernant ao estudo dos mitos gregos, como em seus livros *Mito e pensamento entre os gregos*, de 1965, *Mito e tragédia na Grécia antiga*, de 1972, e *Mito e sociedade na Grécia antiga*, de 1974. Dos trabalhos de Vernant, surgiu uma escola tipicamente francesa, a chamada *Escola de Paris*, que ainda é muito influente no Brasil. Suas obras estão entre as mais traduzidas para o português.

Para Vernant, o pensamento e a religião gregas eram filhos da cidade (*pólis*, em grego). O homem grego se via pelo olhar alheio, dentro da cidade, assim como se via pelo olhar das coisas, no plano cósmico. Homem e natureza não eram realidades distintas. O sentido do mundo era marcado pela reciprocidade dos olhares e pelos sentimentos de virtude e vício, honra e vergonha. Não é possível fazer justiça, aqui, ao brilho de seus textos e os de seus alunos. Suas análises culturais são fascinantes! Elas abrangem todas as dimensões da vida: o nascimento, a adolescência, o trabalho, a morte, a natureza, os deuses. A lista é infindável. Importa-nos reter que o homem grego aparece, nesses textos, também como outro tipo de homem. Não como um contemporâneo.

A IDEIA DE OCIDENTE EM CRISE

A História Antiga, no entanto, passou por transformações ainda mais profundas. Suas origens podem ser identificadas já após a Segunda Guerra Mundial, mas foi apenas nos anos de 1970 que vieram à tona. A raiz das grandes mudanças de perspectiva reside no enfraquecimento dos países centrais europeus após a Guerra e, sobretudo, no processo de descolonização, tanto da África como da Ásia. Para os próprios europeus, a Europa deixou de ser vista como centro do mundo. Sua civilização deixou de ser considerada a melhor de todas. Sua racionalidade, sua razão, sua ciência, foram contestadas pelos próprios pensadores europeus, como o filósofo francês Michel Foucault. O Ocidente, como realidade história, entrou em crise.

Esse processo foi gradual e ainda está em curso. A primeira noção combatida foi a de superioridade cultural. Autores do início do século XX, como Francis Haverfield, em sua obra *A romanização da Bretanha romana*, de 1905, ou Camille Julian, na sua monumental *História da Gália*, escrita entre 1908 e 1921, haviam descrito a romanização das províncias ocidentais do Império Romano como um avanço da civilização sobre a barbárie. Seu modelo era o da expansão da civilização europeia pelo mundo. Esta era vista como um benefício que o imperialismo europeu possibilitava à humanidade ao expandir sua cultura e civilidade para o conjunto dos seres humanos. A mesma ideia estava por trás da noção de helenização do Oriente, após as conquistas de Alexandre, o Grande – um paralelo perfeito à ação romana no Ocidente.

A chamada descolonização da História Antiga representou uma ruptura com a noção de uma civilização superior, alegremente aceita pelos povos conquistados. A própria ideia de civilização foi criticada como sendo uma construção ideológica e diferentes autores, como Marcel Bénabou e Ives Thébert, ressaltaram a resistência dos povos conquistados contra a cultura dos conquistadores. Como veremos, a natureza das relações entre os diversos povos da Antiguidade ainda está no coração dos debates contemporâneos.

Dentro da mesma leitura crítica a uma visão eurocêntrica da História destacaram-se, nos anos de 1980, os trabalhos de Eduard Said e de Martin Bernal. Ambos denunciaram, por meios diferentes, a exclusão do Oriente nas narrativas sobre a História humana, considerando-a parte do processo da invenção de um Ocidente puro em suas origens. Bernal, em seu livro *A Atena negra*, de 1987, tentou demonstrar como a historiografia tradicional havia ignorado, propositadamente, desde o século XIX, todas as evidências de continuidade histórica entre o Oriente Próximo e a Grécia.

A NOVA HISTÓRIA CULTURAL E A HISTÓRIA ANTIGA

A partir da década de 1980, as Ciências Humanas sofreram uma grande reviravolta, que é denominada, de modo habitual, como a *viragem*

40 HISTÓRIA ANTIGA

cultural, ou *cultural turn*, em inglês. Os estudos sobre economia e sociedade foram colocados em um segundo plano e todos os fatos sociais passaram a ser interpretados por uma ótica cultural e simbólica. Todas as afirmações da razão foram colocadas em suspenso e contestadas. Esse movimento foi o início do que chamamos, hoje em dia, de pós-modernismo.

Podemos apontar ao menos três mudanças sociais, nos países mais ricos, que levaram a essa mudança. A queda do Muro de Berlim e o consequente fim da luta de classes tradicional, o multiculturalismo norte-americano e a ascensão das reivindicações de suas minorias culturais, e a integração dos imigrantes das antigas colônias na velha Europa. Para muitos historiadores, esta última deixou, aos poucos, de ser o centro da História humana, para se tornar apenas uma História provinciana.

Essa mudança teve efeitos profundos na História Antiga, que se tornou, ela também, uma História Cultural. O conceito de classe foi substituído pelo de identidade. Os conflitos entre classes foram repensados como conflitos entre identidades distintas. Mas, ao contrário da classe, que era uma posição social estável, as identidades sociais começaram a ser pensadas como fluidas, construídas, mutáveis. Passaram a ser vistas como um processo de constituição de um grupo a partir de sua oposição a outro. Dessa maneira, foram revistas identidades nacionais, étnicas, religiosas, de gênero e quaisquer outras. Ocidente e Oriente, grego e bárbaro, romano e não romano passaram a ser encarados como categorias arbitrárias, construídas no presente e, da mesma forma, no passado.

Uma verdadeira explosão de dados arqueológicos auxiliou na ruptura com as antigas categorias. A preocupação com a imensa diversidade dos povos "antigos" desmontou os velhos quadros da História Antiga. Para empregarmos um conceito contemporâneo, a História Antiga foi desconstruída.

Um livro de Jonathan Hall, *A identidade étnica na Antiguidade Grega*, de 1997, foi bastante influente. Para Hall, a unidade cultural dos gregos não existiu desde sempre. A identidade dos gregos foi o resultado de um lento processo histórico de comunicação e conflito entre comunidades que falavam línguas semelhantes. Foi apenas aos poucos, e no confronto com outros povos, que se criaram os mitos e formas religiosas que produziram sua diferença identitária.

Essa identidade nunca foi perfeita e mudou ao longo dos séculos. O próprio nome da Grécia em grego (*Hellas*) é uma criação tardia. Na *Ilíada* e na *Odisseia*, os poemas mais antigos que possuímos em grego, os adversários dos troianos são chamados de aqueus. Nas inscrições mais arcaicas, os falantes de grego identificavam-se pela sua cidade de origem ou por seu dialeto e não por sua etnia.

De acordo com Hall, cuja visão é muito influente atualmente, a construção de uma identidade e de uma consciência étnica foi resultado do confronto com povos hostis no Mediterrâneo e, sobretudo, da grande guerra contra a Pérsia, no século V a.C. Nos séculos seguintes, a identidade grega continuou a se transformar, passando a abranger qualquer indivíduo educado na língua e nos costumes gregos.

Para a historiografia contemporânea, com efeito, à medida que populações de fala grega se espalharam pelo Mediterrâneo, construíram culturas específicas, que os historiadores e arqueólogos, hoje em dia, chamam de culturas híbridas, como veremos nos capítulos seguintes. Havia muitas maneiras de ser grego na Antiguidade e todas elas mudaram com o passar do tempo. A ideia de uma História da Grécia unificada, com começo, meio e fim, está sendo abandonada pelos historiadores do século XXI.

Por fim, a ideia de que era possível narrar a História da Grécia por meio de suas cidades principais, Atenas e Esparta, parece também ter perdido sentido. Essas duas cidades eram grandes exceções, não a regra. Nesse campo, vale a pena citar os trabalhos coletivos do Centro para o Estudo da Pólis de Copenhagen, dirigido por Morgens Hansen. Dos inventários produzidos e dos amplos debates publicados destaca-se a imensa variedade das cidades no mundo de fala grega e não grega. A importância da cidade (*pólis*) para a vida dos gregos é, além disso, colocada em perspectiva. A maioria das cidades tinha dimensões mínimas (centenas de habitantes, às vezes poucos milhares) e não era autônoma.

Inúmeras localidades e regiões nunca se organizaram como cidades – ao menos antes do Império Romano.

Um processo semelhante de desconstrução aconteceu com a História de Roma. Tradicionalmente, esta era estudada como a História de uma única cidade, tendo uma identidade própria e singular desde seus primórdios: seus valores fundamentais seriam fidelidade, sobriedade, piedade frente aos deuses e disciplina militar. Com esse espírito teria conquistado, sozinha, o mundo conhecido, impondo o modo romano de ser a gregos e bárbaros.

A historiografia contemporânea tende a ver a cidade de Roma no contexto mais amplo da Itália e das demais regiões do Mediterrâneo. As conquistas que produziram o Império Romano não foram o feito de uma única cidade, mas de um complexo sistema de alianças que abrangeu primeiro a Itália, depois todo o Mediterrâneo, a Europa central, o vale do Nilo e parte do Oriente Próximo. Nesse longo processo, a identidade romana passou por múltiplas alterações. De início, uma identidade cívica, ligada à posse da cidadania, depois foi agregando elementos culturais e religiosos de outros povos, num processo contínuo de assimilação. O romano clássico, o romano virtuoso foi, na verdade, uma criação dos tempos finais da República em Roma. Foi uma identidade produzida, não para a cidade de Roma, com seu 1 milhão de habitantes provenientes de todas as partes, mas para o nascente Império, com uma população estimada em 60 milhões de pessoas.

A ênfase nas transformações culturais, nos consensos e conflitos gerados pelo universo simbólico enriqueceu muito a velha História Antiga. Foi uma mudança no modo de olhar e de questionar o passado, muito sintonizada com as mudanças do presente. A onda de mundialização dos anos de 1990 havia mostrado a fraqueza crescente dos Estados nacionais frente às demandas das grandes corporações e do capital financeiro e, portanto, a importância de se pensar e transformar a sociedade localmente, tendo em vista um contexto global. A ação local adquiriu uma enorme importância e o olhar dos pesquisadores também se voltou para a especificidade de cada lugar estudado.

A abundância de fontes arqueológicas fortaleceu, como vimos, essa busca pela diversidade e pela especificidade de cada lugar. Nos textos de historiadores, antes dominados por Atenas e Roma, começaram a aparecer fenícios, hebreus, trácios, lídios, celtas, iberos, líbios, ilírios. Cada sítio escavado passou a ser pensado em sua particularidade local, em suas relações regionais, em seus contatos culturais e comerciais mais amplos. Todas as identidades locais foram valorizadas. Ao invés de uma aculturação passiva de valores alheios, novos conceitos foram desenvolvidos para se pensar os contatos culturais: hibridização, crioulização, adoção seletiva. São termos muito presentes nos textos de arqueólogos, bastante influenciados pela Antropologia. A ênfase, desta maneira, mudou do geral para o particular, enquanto o rótulo, História Antiga, permaneceu.

A culturalização da História Antiga propiciou, por fim, dois grandes movimentos de abertura no interior da disciplina. A inclusão dos estudos judaicos e do cristianismo e a discussão sobre as balizas cronológicas da disciplina. Tradicionalmente, judeus e cristãos haviam sido tratados à parte, por especialistas em religião, e ignorados pelos historiadores de História Antiga. Essa separação, que se fundava em uma antiga ideia da distinção entre sociedade e religião, não é mais sustentada.

Os judeus foram parte integrante e um ponto fundamental de ligação entre o Mediterrâneo, os desertos e o mundo mesopotâmico. Formaram comunidades que se espalharam pelo Mediterrâneo e seu centro político e religioso, Jerusalém, exerceu considerável influência no mundo antigo. A desconstrução da antiga ruptura entre Ocidente e Oriente reintroduziu, de modo surpreendente, os hebreus na História. A reavaliação da História judaica foi um dos fatores que permitiu reunir dois polos que haviam sido artificialmente separados: Oriente e Ocidente.

O mesmo pode ser dito a respeito dos cristãos. Se, na origem, constituíam uma seita dentro do judaísmo, rapidamente se transformaram em um fenômeno religioso típico do Império Romano. A História da expansão do cristianismo não é mais um campo de estudo deixado aos teólogos, mas um ramo fundamental da História social e cultural do próprio Império.

44 HISTÓRIA ANTIGA

A cristianização do Império, ao longo do século IV d.C., deixou de ser vista como um susto, uma surpresa. Ela foi parte de um processo interno ao desenvolvimento do Império. É assim que a maioria dos historiadores contemporâneos a encara.

NOVAS BALIZAS

A questão das balizas cronológicas é mais difícil. Em termos históricos, não é mais possível negar a influência de egípcios e mesopotâmicos nas transformações que ocorreram no Mediterrâneo desde o século XV a.C. Contudo, as tentativas de se criar uma História unificada ainda encontram vários obstáculos. O principal deles, talvez, venha da própria formação dos historiadores. Ninguém, nem mesmo grupos internacionais de pesquisa, consegue dominar a variedade de escritas e línguas de todas essas regiões. Além disso, por milênios, as sociedades do vale do Egito e aquelas da Mesopotâmia desenvolveram-se em grau extraordinário, mas com poucos contatos com o mundo exterior. Parecem, ainda, constituir formas sociais próprias.

O que a historiografia recente tem realçado são os pontos de contato. Entre o Levante, o Egito e o mundo cretense e micênico no segundo milênio; entre Assíria, Síria, Fenícia e Pérsia no primeiro milênio. Cabe à pesquisa futura tentar, se viável, a unificação dessas Histórias.

Mais progressos foram feitos sobre a outra baliza: a do fim da Antiguidade. Tradicionalmente, a queda do último imperador do Império Romano Ocidental, Rômulo Augusto, em 476 d.C., marcava o fim do mundo antigo e o início da Idade Média. Era uma visão política e constitucional, que continuava a antiga ideia de Edward Gibbon, do final do século XVIII. Faria sentido em termos culturais ou econômicos?

A historiografia contemporânea, como vimos, duvida de rupturas extremas na História. Daí surgiu o conceito de Antiguidade Tardia, ultrapassando as barreiras tradicionais da História Antiga. Os estudos de medievalistas, como Henri Pirenne, em *Maomé e Carlos Magno* (1922), foram retomados pelo estadunidense Peter Brown, cujo livro *O mundo da Antiguidade Tardia*, de 1971, foi um divisor de águas.

A HISTÓRIA ANTIGA CONTEMPORÂNEA **45**

Para Peter Brown, o mundo dos séculos IV-VII d.C. era culturalmente mais rico e integrado do que o dos séculos anteriores, ao menos no que concernia à cultura e à religião. Esses séculos conheceram a expansão do cristianismo, aliado à cultura clássica, e a difusão do islamismo para muito além das fronteiras do mundo antigo. Assim como o Império Romano do Oriente era a continuação da política romana, a expansão do islã, uma religião cujas origens derivavam do mundo antigo, demonstrava não a decadência, mas o apogeu da cultura antiga.

Trata-se de um debate em aberto. Os historiadores do Mediterrâneo ocidental tendem a ressaltar a crise e as rupturas provocadas pelas guerras incessantes dos séculos V e VI d. C. Os especialistas no Mediterrâneo oriental privilegiam não só as continuidades, mas também o florescimento da economia, da cultura e da sociedade nesses séculos. Não se sabe mais quando acabou o Império Romano, ou o mundo antigo, se é que acabou. É possível pensar em uma ampla continuidade histórica, mesmo que marcada por rupturas.

Os homens de Florença, de Constantinopla ou do Cairo, no século XIV, não possuíam mais a mesma identidade que um habitante do Império Romano. Suas memórias do passado eram outras. Mas os pressupostos da vida na cristandade e no islã haviam sido criados e vinham se desenvolvendo havia milênios. Seus modos de sociabilidade, suas técnicas de produção, suas crenças eram produtos de um tempo do qual não se lembravam mais.

Para repensarmos a importância da História Antiga na construção do mundo atual é necessário mudar os enquadramentos pelos quais é estudada. Como fazê-lo? Não há uma resposta única a essa questão. Qualquer História específica é um recorte arbitrário, pois a História humana é uma só. Mas os recortes são necessários, pois não é possível falar de tudo ao mesmo tempo. O importante é que esses recortes sejam explícitos e conscientes.

Nesse sentido, a fragmentação dos estudos sobre História Antiga nas duas últimas décadas foi muito saudável. A dissolução das antigas unidades históricas obrigou historiadores e arqueólogos a buscarem outras maneiras para inserir seus estudos particulares, de épocas e regiões muito distintas, num relato mais geral. Um termo surgiu nas últimas duas décadas para tentar englobar essas pesquisas: os "estudos mediterrânicos".

A unidade e a sequência perdidas foram, assim, substituídas por um espaço geográfico: o Mediterrâneo. Mas o que pode ser uma solução interessante é também um problema, se não houver conceitos explícitos e problemas concretos que se coloquem à História desse espaço. Como definir esse espaço? É possível e útil estudarmos uma História do Mediterrâneo antigo? O que ganhamos e o que perdemos com esse novo recorte? Quais as balizas temporais para estudá-lo?

A busca de respostas a essas questões está no centro dos debates sobre a História Antiga no século XXI. Se ela ainda é interessante, é porque nos ajuda a enfrentar indagações surgidas no mundo contemporâneo. São essas indagações que devem definir o que perguntar ao mundo antigo. É esse o tema dos capítulos seguintes.

SUGESTÕES DE LEITURA

CHEVITARESE, A. L.; CORNELLI, G.; SILVA, M. A. de O. (org.). *Tradição clássica e o Brasil*. Brasília: Archai/UnB/Fortium, 2008.
    Coletânea de ensaios sobre a importância da tradição clássica, em especial a greco-latina, sobre a cultura brasileira.

GEARY, O. *O mito das nações*: a invenção do nacionalismo. São Paulo: Conrad, 2005.
    Obra de grande importância para se compreender os fundamentos da História produzida na Europa nos séculos XIX e XX.

HARTOG, F. *Os antigos, o passado e o presente*. Brasília: UnB, 2003.
    Coletânea de estudos sobre história e historiografia do século XIX e da Antiguidade.

HINGLEY, R. *O imperialismo romano*: novas perspectivas a partir da Bretanha. São Paulo: Annablume, 2010.
    Obra recente, que analisa de maneira crítica a constituição da disciplina História Antiga. Enfatiza a importância do imperialismo europeu na criação de diferentes explicações do mundo antigo.

O Mediterrâneo: processos de integração

Para produzirmos um novo recorte da História Antiga é preciso abandonar preconceitos e ideias muito arraigados. Podemos começar dizendo o que ela não é. Não é a História Universal, não é a História de uma civilização superior, não é a História do Ocidente. Não é, igualmente, uma História de sucessivas nações: Oriente Próximo, Grécia e Roma.

Mas continua sendo uma parte importante da História Mundial, sem a qual não podemos compreender como surgiu o mundo contemporâneo. E é importante para nós, brasileiros. Ela nos foi ensinada como a chave de nossa identidade. Precisamos conhecê-la bem, para entendê-la de modo crítico. Ela faz parte de nossa memória social, da visão de nós mesmos como ocidentais.

A pista fornecida pela atual insistência nos estudos mediterrâneos pode ser uma boa maneira de reposicionar a História Antiga dentro da História Mundial. O recorte no Mediterrâneo traz perdas. Os historiadores ainda não conseguiram integrar de modo satisfatório as antigas Histórias da Mesopotâmia e do Egito na História do Mediterrâneo. É um foco mais restrito, que substitui, apenas, as antigas Histórias da Grécia, de Roma e do Império Romano e de sua sucessão no tempo. Neste livro, portanto, não trataremos de Histórias que são importantes: a invenção da agricultura, as primeiras cidades e Estados, a invenção da escrita, a Idade do Bronze e muito mais. Começaremos por volta do primeiro milênio a.C.

Essa restrição, no entanto, traz também vantagens. Corresponde melhor às divisões reais entre os especialistas dentro da disciplina. Possibilita, além disso, colocar questões mais específicas a uma dada região do planeta por meio de algumas perguntas que nos interessam hoje em dia: de que modo se deram os processos de integração humana na bacia do Mediterrâneo? Como pensar a integração humana na longa duração? Quais suas causas, seus ritmos, os problemas que criou ou resolveu?

Essas questões começaram a agitar a historiografia ao longo do século XXI. Elas se relacionam, como é óbvio, com questões do presente, com os problemas que enfrentamos no processo atual de globalização. Este último, que era encarado há 20 anos como uma marcha inevitável para um futuro melhor, encontrou na última década obstáculos que não sabemos como resolver: a crise dos Estados nacionais, a crise financeira, os conflitos étnicos e religiosos, a eliminação das culturas locais. O espaço do Mediterrâneo conheceu, entre os século X a.C. e V d.C., um grande processo de integração. Embora diferente do atual, é um campo histórico bem documentado, ao qual podemos fazer perguntas interessantes, que correspondem a algumas de nossas indagações mais prementes.

O MEDITERRÂNEO: UMA UNIDADE POSSÍVEL?

Para criar este novo recorte, contudo, é necessário ter clareza do que ele implica. O próprio Mediterrâneo não é uma unidade fácil de definir. Nos últimos anos, em busca de alguma nova unidade para a velha

O MEDITERRÂNEO 49

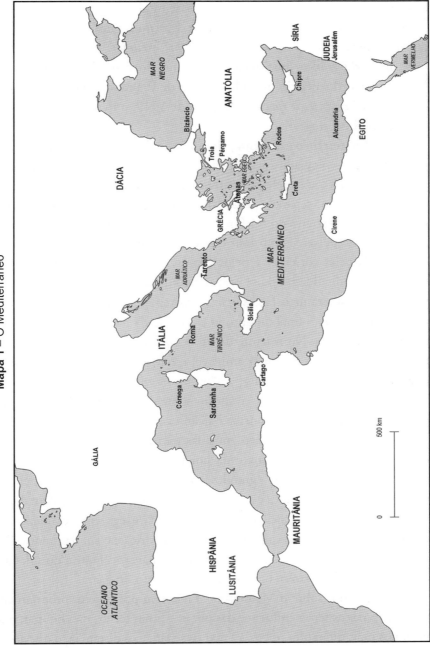

Mapa 1 – O Mediterrâneo

50 HISTÓRIA ANTIGA

História Antiga, o termo tem sido usado de modo indiscriminado e pouco claro. Uma das primeiras obras a tentar formular um conceito preciso de Mediterrâneo foi a monumental *O mar corruptor: um estudo da História do Mediterrâneo,* dos ingleses Peregrine Horden e Nicholas Purcell. Claramente influenciado pela obra-prima de F. Braudel, *O Mediterrâneo e o mar mediterrânico à época de Filipe II*, de 1949, o livro teve um grande impacto na historiografia.

O Mediterrâneo é descrito pelos dois autores na longa duração, sob a perspectiva da ecologia histórica. Sua preocupação é entender como o mar Mediterrâneo afetou as relações entre os povos às suas margens. Esse mar é um imenso lago, separado do Atlântico pelo estreito de Gibraltar e do mar Negro pelo estreito do Bósforo. Suas águas são salinas, o que restringe a produção de peixes. É um mar quase sem marés, no qual a navegação é dominada pelas correntes e pelos ventos. São estas que determinam as facilidades e dificuldades de se cruzar suas águas. Em geral, antes da navegação a vapor, era mais fácil seguir as correntes que giravam em sentido anti-horário. Entre o final do outono e o início da primavera, a navegação era muito arriscada. No restante do ano era, pelo contrário, muito fácil e previsível. Trata-se de um mar amigável e que acelera as comunicações – esse é um dos pontos essenciais para ambos os autores.

Três grandes penínsulas avançam sobre o mar Mediterrâneo: a longa península da Itália, a península balcânica e a Anatólia (atual Turquia). Pode-se dividir o Mediterrâneo em duas partes fundamentais: a oriental e a ocidental. A oriental é marcada por uma sucessão de ilhas próximas umas às outras: algumas bem grandes, como Creta, Chipre e Rodes, outras pequenas, como as Cíclades e as Espórades. O Mediterrâneo ocidental tem menos portos e ilhas: a Sicília, a Sardenha e a Córsega, que formam uma espécie de corredor norte-sul entre o norte da África e o sul da França. Por fim, a margem norte do mar é mais povoada e navegável que a do sul, cuja costa tem poucos portos e fica próxima ao deserto do Saara.

Os estudos sobre o Mediterrâneo não têm por objeto, propriamente, o mar, mas as terras influenciadas por ele. É nas terras, não no mar, que vivem os mais diferentes povos. O mar os separa e os distancia, o que aprofunda a originalidade de cada comunidade ou população, mas também os aproxima, pois as comunicações por mar são mais rápidas que as por terra.

Mais importante que o próprio mar são as características das terras ao seu redor: pequenas planícies circundadas por montanhas, como na Itália, na costa da Turquia, na península Ibérica, ou por desertos, como na Síria, no Líbano e no norte da África; um regime de chuvas irregular, em geral deficitário; a ausência de grandes rios que favoreçam a irrigação das terras. É um mundo de pequenas regiões terrestres, isoladas umas das outras, mas unidas pelo mar. O vale do rio Nilo é a única grande exceção. Por isso mesmo, forma um mundo à parte.

Horden e Purcell ressaltam que a produção agrícola ao redor do Mediterrâneo depende diretamente das chuvas. Todo ano, em alguns lugares do Mediterrâneo, chove menos do que o necessário e há crises periódicas de produção. Por isso, afirmam que nenhuma produção agrícola no Mediterrâneo pode ser autossuficiente. Todos os lugares são "microrregiões", cujos habitantes tem que diminuir o risco de um ano ruim diversificando a produção agrícola e mantendo-se permanentemente em contato com outras comunidades. Todas dependem umas das outras. A chave para sua sobrevivência é o que os autores chamam de "conectividade" do mar. Ela possibilita infinitas conexões, grandes e pequenas viagens, sempre à vista da terra: seu grau mínimo é o comércio de "cabotagem", dos pequenos marinheiros que comerciam de porto em porto.

Para ambos os autores, todas as comunidades do Mediterrâneo viviam numa rede de conexões, não existiam isoladamente, mas no interior de uma grande teia de relações. Grandes portos ou ilhas, que eram caminhos obrigatórios de passagem, podiam dar-se ao luxo de centrar-se numa única produção lucrativa: azeite em Atenas, vinho em Quios, lã em Tarento etc. Sua posição como polos da rede lhes possibilitava obter os demais produtos essenciais. Outras diversificavam seus produtos à espera de navegadores interessados em adquiri-los e vendê-los em outros lugares. Todos os lugares dependiam de sua posição em redes de troca.

Nesse espaço mediterrânico de pequenas trocas, houve, para os autores, alguns momentos em que a força se impôs sobre as redes, controlan-

52 HISTÓRIA ANTIGA

do as estratégias habituais das pequenas comunidades. Para ambos, é uma possibilidade aberta pela ecologia. O Mediterrânico era um espaço ideal para a extensão do poder a distância, controlando as terras e o fluxo marítimo entre elas. Ressaltam, ainda, três instrumentos principais de controle sobre a produção: obrigar uma região a ser monocultora, principalmente dos produtos mais essenciais, como o trigo; criar centros de estocagem, para controlar os efeitos das flutuações climáticas a cada ano e produzir bens que durem por anos, como o vinho; redistribuir bens e produtos para zonas carentes, onde seu valor é mais alto.

A ecologia do Mediterrâneo não definiria, para Horden e Purcell, apenas limites, mas também possibilidades de exploração. O poder físico, de dominação, embora surgido na rede de contatos, não era exercido apenas nas rotas marítimas, como também sobre as terras e sobre seus habitantes. Por isso, o Mediterrâneo nunca teria conhecido um campesinato estável, mas uma grande mobilidade de pessoas, movidas pela colonização e pela escravidão. Conectividade e mobilidade são os dois conceitos-chave que repercutiram fortemente nos estudos mais recentes sobre a região.

O mar corruptor tornou-se um ponto de referência e suscitou um intenso debate na historiografia. A ideia de conectividade foi rapidamente associada ao desenvolvimento da internet, como se o Mediterrâneo fosse um espaço de comunicação sem fronteiras. Foi, sem dúvida, sua inspiração. Mas não fica claro, na obra, até onde iriam as margens do Mediterrâneo. Não deveríamos incluir, em alguns momentos, o vale do Nilo, a Mesopotâmia e a Europa central? Afinal, trata-se de uma História de povos, não do mar.

O MEDITERRÂNEO E A HISTÓRIA

Por fim, quais seriam os ritmos de uma História no Mediterrâneo? Teria permanecido sempre igual? A principal crítica que se faz à obra é precisamente esta: que não é histórica. A conectividade do mar é, no fim das contas, apenas uma possibilidade. O problema, para o historiador, é definir quando esta se transformou em conexões reais e duradouras e como elas se

O MEDITERRÂNEO **53**

acumularam no tempo. O livro não responde, assim, à questão central da historiografia contemporânea: podemos pensar o Mediterrâneo como um meio, ou um espaço, de uma integração histórica concreta, progressiva?

É preciso dizer que muitos historiadores não concordam com a ideia de que o Mediterrâneo antigo tenha se tornado mais integrado ao longo do tempo. Pensando nos termos da globalização contemporânea, consideram que a verdadeira integração se dá apenas por meio da economia. Como defendem que a economia antiga permaneceu circunscrita e local, não veem grandes mudanças na vida das pessoas antes do capitalismo. Os Estados podiam ser pequenos, como uma cidade, ou grandes, como um reino ou um império, mas para camponeses e artesãos a vida consistia em trabalhar e pagar taxas. Haveria "impérios-mundo", mas não "sistemas-mundo". Essa é a ideia central do sociólogo e historiador I. Wallerstein, cuja obra *O moderno sistema-mundo: agricultura capitalista e as origens da economia-mundo europeia no século XVI* (1972) foi muito influente.

Mas essa ideia de um mundo antigo permanentemente "desconectado" é negada pela própria documentação. As localidades ao longo do Mediterrâneo não permaneceram imutáveis ao longo dos séculos. Pelo contrário, elas foram tecendo vínculos cada vez mais fortes, estabelecendo conexões concretas, redes cada vez mais sofisticadas, que se acumularam ao longo dos séculos. É o que veremos neste livro.

Ao contrário do que havia proposto F. Braudel, na obra citada anteriormente, que via a longa duração como um tempo no qual nada ou muito pouco muda, é preferível pensá-la em termos de História humana. Mas não somente como uma ecologia humana, como proposto em *O mar corruptor*. É preciso introduzir a História concreta dos homens, as transformações ao longo do tempo dentro de uma mesma região geográfica. É mais proveitoso pensar a longa duração como um amplo foco de visão para observarmos mudanças, produzidas pela ação humana e pelo acúmulo de experiência histórica, do que tratá-la como um pano de fundo imutável.

Um conceito interessante para pensarmos esse processo é o de "mediterranização", desenvolvido pelo arqueólogo britânico Ian Morris: o longo

54 HISTÓRIA ANTIGA

percurso histórico que conectou e integrou as sociedades ao redor do mar e que, em muitos momentos, sofreu a influência decisiva de povos localizados a maior ou menor distância dele: como mesopotâmicos, hititas, persas, hebreus, citas das planícies do mar Negro, egípcios no vale profundo do Nilo ou celtas da Europa central.

O espaço do Mediterrâneo e as terras a seu redor podem ser vistos, na longa duração, como tendo sofrido um progressivo processo de integração de suas comunidades territoriais. Não se trata, obviamente, de um movimento histórico semelhante à atual globalização da economia mundial. Mas nos parece evidente que, por exemplo, no Império Romano (I-V d.C.) havia uma articulação muito maior entre essas comunidades – bem como centenas de outras, distantes do mar, do que no chamado período homérico (VIII-VII a.C.).

A questão principal é procurar entender como se deu essa progressiva integração: quais seus mecanismos, quais suas causas, quais seus períodos de intensificação e de abatimento. Não é possível entendê-lo a não ser como um processo cumulativo, no qual cada geração se reproduz sobre a base do trabalho acumulado de gerações anteriores. Por isso, o processo de integração é multicausal, depende tanto de determinantes estruturais quanto de circunstâncias históricas específicas.

A ideia central é que esse processo deve ser visto através da crescente articulação das fronteiras internas de cada comunidade local com aquelas externas. Por fronteiras entendemos, aqui, as linhas mais ou menos definidas que separam as pessoas, sobretudo aquelas relacionadas ao controle da terra (e, em geral dos meios de produção), dos homens e dos bens produzidos. Certos fatores serão sempre centrais: a forma de apropriação da terra, as formas de exploração do trabalho, as tecnologias disponíveis, as relações entre agricultura, pastoreio intensivo e extensivo – este último, em geral, reserva de recursos dos mais ricos – e comércio.

O processo de integração não apenas encurta distâncias, ele muda a ordem e o sentido da vida em regiões cada vez mais amplas. A articulação entre as comunidades produz, na longa duração, sistemas sociais cada vez mais complexos e sofisticados. Embora não conduza, necessariamente, à

O MEDITERRÂNEO **55**

homogeneização das comunidades, o processo de integração submete, ao longo do tempo e em escala cumulativa, as fronteiras locais e a vida local a fronteiras mais amplas, a uma unidade mais extensa, a um sistema de diferenças em escala maior, que lhes confere, de fora, suas próprias identidades e seu sentido.

INTEGRAÇÕES ANTERIORES

O mar Mediterrâneo vem sendo atravessado pelos seres humanos há muitos milênios, mesmo antes da invenção da agricultura. No Mediterrâneo oriental, por exemplo, existe uma ilha, Melos, que produz uma variedade de rochas vulcânicas muito especial: a obsidiana. É uma pedra negra, vitrificada, fácil de ser reconhecida. Ela oferece uma excelente matéria-prima para a produção de instrumentos de pedra, por ser resistente e propiciar um fio muito cortante. Ora, objetos feitos com essa obsidiana são encontrados em vários sítios arqueológicos do Mediterrâneo, alguns datados de mais de 10 mil anos.

Mas a possibilidade de navegação não significa, necessariamente, um processo de integração. O primeiro deles se iniciou no terceiro milênio a.C., a chamada Idade do Bronze, e envolveu, principalmente, o Mediterrâneo oriental. Seu primeiro centro foi a ilha de Creta, onde se ergueram grandes palácios-cidades, como Cnossos, e se desenvolveu um artesanato próprio, cuja tecnologia parece ter sido importada, em parte, do Egito e do Levante. Os arqueólogos a chamam de civilização minoica, numa referência ao lendário rei cretense Minos, que teria construído, com a ajuda de Dédalo, um labirinto para prender o Minotauro.

A partir de cerca de 1800 a.C., a influência de Creta se estendeu pelas ilhas do mar Egeu e na Grécia continental. Como muitas sociedades do período, os palácios minoicos eram administrados por uma burocracia letrada, que desenvolveu sua própria escrita, chamada de Linear A e que ainda não foi decifrada. Na Grécia continental também se desenvolveram grandes palácios, mas construídos como fortalezas cercadas de altas muralhas. Os arqueólogos a chamam de "civilização micênica". Nós a conhecemos melhor, pois sua escrita, denominada de Linear B, pode ser decifrada. Isso porque a língua expressa pelos caracteres era já a língua grega.

Essas sociedades palacianas mantiveram um estreito contato entre si, com o Egito, a Anatólia e o Levante. É difícil definir seu grau de integração política e social, mas os palácios parecem ter sido os principais organizadores da vida social: retiravam tributos das aldeias camponesas, estocavam os excedentes em grandes depósitos e redistribuíam-no para o restante da sociedade.

Havia, certamente, especificidades locais. Muitos sítios arqueológicos do período micênico, como Atenas, não possuíam palácios. Os grandes centros micênicos parecem revelar uma sociedade mais militarizada que a dos palácios de Creta. De qualquer modo, as trocas de objetos eram frequentes, a influência recíproca é clara nos estilos decorativos, na cultura material e nas estruturas da vida cotidiana. Parece ser um processo de integração cumulativo, que se intensifica com o tempo, mesmo que não tenha sido linear. Terremotos e erupções vulcânicas parecem ter marcado momentos de ruptura, sobretudo em Creta. A partir de cerca de 1400 a.C., a própria ilha de Creta foi ocupada por invasores micênicos.

Mas não foram rupturas definitivas. A vida, aos olhos dos arqueólogos, sempre parece ter sido retomada, mais ou menos, do ponto de ruptura. Objetos micênicos, datados de cerca de 1300 a.C., foram encontrados na Itália, na Sicília e na Sardenha. A rede de conexões parecia a ponto de ampliar-se.

No século seguinte, no entanto, ocorreu o que os historiadores, por falta de termo melhor, chamam de "colapso". Os palácios foram destruídos, os sítios arqueológicos se tornaram raros e pouco povoados, os objetos se tornaram escassos, a tecnologia regrediu. No planalto da Anatólia, o grande Império Hitita ruiu; nas margens do Nilo, os faraós enfrentaram uma invasão de povos no delta do Nilo que denominaram de "povos do mar"; a unidade política sobre o Nilo foi abalada por gerações; no Levante, os filisteus ocuparam a atual Palestina; algumas das mais antigas cidades fenícias foram também destruídas; por fim, os grandes reinos da Mesopotâmia (Mitani, Assíria, Babilônia) sofreram grandes abalos.

Quais as causas desse colapso? Nenhum historiador sabe ao certo. Há várias hipóteses: grandes migrações populacionais, alterações climáticas, eventos extremos, revoltas na periferia, falta de matérias-primas essenciais como o estanho, sem o qual não se produzia bronze. Não há consensos, nem procuraremos respostas aqui. Provavelmente, não há uma única causa.

O "colapso das civilizações do bronze" nos é importante por duas razões. Mostra-nos – de forma talvez assustadora – que os processos de integração e de crescimento não são invulneráveis, nem indestrutíveis, nem irreversíveis. E nos oferece um ponto quase zero, um marco cronológico, para pensarmos o novo processo de integração que o sucedeu, a partir dessa que é chamada a Idade das Trevas. Entraremos, nos capítulos seguintes, na História da Idade do Ferro.

SUGESTÕES DE LEITURA

Abulafia, D. *The Great Sea. A Human History of the Mediterranean*. Oxford: OUP, 2011.
    Interessante tentativa recente de responder aos desafios de uma História do Mediterrâneo.

Horden, P.; Purcell, N. *The Corrupting Sea. A Study of Mediterranean History*. Oxford: OUP, 2000.
    Obra de referência para os estudos contemporâneos sobre o Mediterrâneo antigo. Apesar de extensa e polêmica, sua leitura é fundamental.

Navegações

O século XII a.C. marca, realmente, um ponto de virada na História do Mediterrâneo. Embora não haja consenso sobre suas causas, temos algumas certezas: as grandes organizações que controlavam a sociedade, a economia e as redes de trocas sofreram um forte abalo. Em quase todo o entorno do Mediterrâneo oriental, a vida se tornou mais local. Há poucos objetos importados nos sítios arqueológicos que podemos datar desse período.

Já a noção de uma "Idade das Trevas" não é mais aceita. Ela depende mais da nossa falta de documentação que da ausência de mudanças fundamentais entre os séculos XII e VIII a.C. O fim dos palácios micênicos representou, entre outras coisas, o desaparecimento de seu sistema de escrita. Há uma ruptura, igualmente, na documentação material. Os sítios arqueológicos são menores, o uso de objetos é mais restrito. Mas essa dificuldade documental se aplica mais à península da Grécia central que ao Mediterrâneo como um todo.

Além disso, a História do Mediterrâneo não repartiu do zero absoluto. Muito pelo contrário. As habilidades técnicas e artesanais, os conhecimentos sobre a produção agrícola, a arte da guerra, o conhecimento da escrita permaneceram, por exemplo, no Egito, no Levante e nas terras mesopotâmicas.

Mesmo nas regiões da antiga Micenas, na Grécia continental, preservou-se uma memória oral dos tempos palacianos, que depois se incorporaria aos dois grandes poemas que tratam da Guerra de Troia, a *Ilíada* e a *Odisseia*. Não é possível saber se essa guerra foi real ou não. Os poemas são relatos épicos que combinam realidades de diferentes épocas com mitos antigos. Mas o sítio da antiga Troia foi efetivamente descoberto, na Turquia. Muitas cidades se ergueram nesse mesmo lugar, mas uma delas, a chamada Troia VII, foi realmente destruída por um incêndio, por volta de 1200 a.C.

RECONEXÕES

Na verdade, a partir do século X é possível perceber sinais de grande vitalidade, que terá consequências, desta vez, sobre todo o espaço do Mediterrâneo. Uma novidade tecnológica fundamental foi o aprimoramento e a difusão da produção de ferro. Até então, os objetos utilitários eram feitos em madeira, pedra ou em um metal muito custoso, o bronze. O bronze, por sua vez, era uma liga de dois metais: o cobre, relativamente abundante, e o estanho, muito raro. Sua produção exigia organizações sociais complexas.

O processo de fabricação de instrumentos de ferro é muito mais difícil que o de outros metais. Exige altas temperaturas nos fornos e um longo processo de purificação. Ele não é moldado, mas batido. Aquecido e resfriado em várias etapas. Só é mais eficaz quando se incorpora ao metal uma pequena quantidade de carbono. É, então, que adquire a dureza e a maleabilidade do aço. Esse é o ferro mediterrânico. É completamente diferente da tecnologia de produção que, séculos depois, se desenvolverá no Extremo Oriente. Na região que definimos como nosso recorte espacial, a produção do ferro foi provavelmente descoberta pelos hititas e, depois, aperfeiçoada.

Por isso, podemos considerá-lo uma grande invenção. O ferro não só é mais abundante na natureza, mas também produz instrumentos de qualidade muito superior: para bater, para furar, para cortar, para todos os usos cotidianos. A difusão de instrumentos de ferro, nos séculos seguintes, mudará a vida no Mediterrâneo. Sua primeira grande utilidade foi na produção de armas de guerra. As espadas de ferro podiam não apenas furar, mas também cortar. Aos poucos, seu uso se expandiu, destronando o bronze do instrumental cotidiano e abrindo novas possibilidades técnicas. A técnica se aperfeiçoou e muitos objetos de ferro adquiriram propriedades do aço.

No Império Romano, séculos depois, já era empregado em quase tudo: de pregos, martelos, tesouras, facas a instrumentos cirúrgicos ou agrícolas cada vez mais precisos. O bronze passou a ser destinado, cada vez mais, para objetos de luxo e, depois, para a produção de moedas com valor intrínseco. O ferro era abundante, sua produção podia ser local, permitia a existência de artesãos independentes, permanentes ou itinerantes, e seu custo foi se barateando ao longo do tempo, o que tornou seu uso cada vez mais acessível. Podemos falar de uma verdadeira revolução do ferro.

É por isso que é possível definir nosso recorte, em termos bem gerais, como uma Idade do Ferro. A primeira menção explícita a um novo tempo, marcado pelo uso do ferro, encontramos, alegoricamente, em um poeta grego, Hesíodo, que viveu entre os séculos VIII e VII a.C. Hesíodo afirmava viver na quinta geração de homens, após aquelas de ouro, prata, bronze, a dos heróis – a sua era a do ferro, uma época difícil e violenta.

Mas a novidade do ferro aparece também em fontes não gregas: hititas, egípcias e assírias. O impacto de sua introdução pode ser observado em passagens do chamado Antigo Testamento, uma compilação de textos em hebraico e aramaico, escritos em várias épocas, e reescritos por longos períodos. Referências ao poder das armas de ferro e a sua novidade aparecem em trechos importantes de textos bíblicos, como Deuteronômio, 3, 11, no qual se menciona um leito de ferro.

Foi do Mediterrâneo oriental, com efeito, que essa novidade se alastrou. As escavações arqueológicas mostram que o desenvolvimento de um artesanato de objetos de ferro se instaurou na costa da Síria e da Palestina após o século XI a.C., antes que em outros lugares. Essa área é central para entendermos os processos de integração dos séculos seguintes.

Desta mesma região também se difundiram duas outras grandes inovações: o uso da escrita alfabética e os barcos de grande tonelagem para navegação em alto-mar. Ambas têm relação direta com a retomada das comunicações por mar. Dessa vez, contudo, atingindo distâncias cada vez maiores. A escrita alfabética, derivada dos hieróglifos egípcios, já era antiga na Cananeia. Sua versão fenícia foi adotada e adaptada para escrever a língua grega e, em seguida, a etrusca, a latina, a ibérica e a celta.

É preciso ressaltar a importância da escrita alfabética, que se tornou a escrita mediterrânica por excelência. Libertada do saber secreto dos palácios orientais, tornou-se um meio de comunicação a distância ao alcance de muitos. Foram os comerciantes, com toda a probabilidade, os primeiros a se valerem dela. Depois se difundiu pelas elites locais e pelas comunidades ao redor do Mediterrâneo, tornando-se um meio público de transmissão de mensagens e de fixação de sentidos, como contratos e leis. Assim como o ferro, a difusão da escrita foi também uma revolução tecnológica.

A partir do século IX a.C., ou mesmo antes, os contatos no Mediterrâneo foram retomados, mas como nova amplitude. O Mediterrâneo era um mar aberto, cheio de navegadores, comerciantes e piratas. As fronteiras no oeste ainda não estavam fechadas. Era possível estabelecer pontos de comércio (em grego, *emporia*), ou mesmo colônias (em grego, *apoikia*), que unissem zonas marítimas distintas, como a costa da Fenícia, Chipre, Creta, o sul da Anatólia, as ilhas do Egeu e as grandes ilhas do ocidente: Córsega, Sardenha e Sicília.

O período das navegações pode, assim, ser definido por suas fronteiras relativamente abertas, tanto nos contatos com povos estrangeiros, como localmente. Com exceção das colônias, como veremos, a mobilidade pelo mar e as trocas de longa distância não implicaram a dominação das terras exploradas, mas um processo de simbiose, muitas vezes mediado por interesses mútuos e pela difusão de hábitos culturais, como o consumo de vinho e azeite e a valorização de bens de luxo. Por outro lado, as expedições comerciais e as colônias indicam que as fronteiras internas de cada comunidade não estavam plenamente fechadas. Navegadores, soldados, comerciantes e piratas não eram categorias plenamente diferenciadas. Muitas de suas empreitadas parecem ter sido ações individuais, sem vínculos necessários com as futuras pólis.

CAUSALIDADES?

Uma diferença importante com o período anterior era que, agora, a interligação do Mediterrâneo se fazia como empresa privada. Os primeiros e mais bem-sucedidos navegadores eram provenientes da Fenícia, sobretudo da cidade de Tiro, que estabeleceram reinos, cidades e *emporia* de Chipre e Creta até o norte da África e mesmo mais longe na península ibérica. Uma segunda linha rearticulava a Ática (o futuro território de Atenas), a grande ilha da Eubeia, as ilhas do Egeu, a costa da Anatólia e a Grécia continental. A costa da Anatólia, por sua vez, foi povoada, ou repovoada, por populações que falavam grego. As conexões nesta região se tornaram cada vez mais intensas.

A documentação de que dispomos é arqueológica e escassa, mas é possível observar dois movimentos. Um deles é regional e diz respeito ao Mediterrâneo oriental, o outro envolve o mar como um todo. A costa do Levante se tornou um ponto de encontro de diferentes povos: assírios do norte da Mesopotâmia, hebreus, gregos da península balcânica (que, provavelmente, fundaram seu próprio *emporion* na Síria – o sítio de Al Mina), egípcios, cuja influência artística se expandia, a ilha de Chipre, grande fonte de cobre e colonizada por fenícios e gregos, Creta, por onde passavam todos os fluxos. O Mediterrâneo oriental retomou assim suas conexões, mas com novas bases.

Precisamos nos deter um pouco sobre o Levante. No leste da costa ocorreu uma intensa movimentação de povos. Tribos aramaicas ocuparam

64 HISTÓRIA ANTIGA

a região semidesértica entre o litoral mediterrânico e o rio Eufrates. No norte da Mesopotâmia, surgiu uma nova potência, o Império Neoassírio, que nos séculos seguintes chegaria até o Egito. No sudeste, na borda do deserto, ocorreu o assentamento das tribos israelitas.

Com o tempo, para enfrentar a guerra com os filisteus, essas tribos se agregaram em um reino, cuja fundação a tradição do Antigo Testamento atribui a Saul, David e Salomão, com o qual a cidade fenícia de Tiro tinha relações especiais. No livro dos Reis, que é parte do Antigo Testamento, a relação entre Salomão e Hiram, o rei de Tiro, ocupa uma posição especial. Embora não seja possível demonstrar a historicidade da narrativa, o relato da construção do templo de Jerusalém remete a um contexto bastante verossímil para o período: de Tiro provinham artesãos, objetos de luxo, novos estilos. O reino de Salomão, segundo o relato bíblico, parece bem integrado às conexões de sua época.

No mar Egeu, as atividades dos fenícios parecem ter se fundido com a de povos que, posteriormente, seriam chamados de gregos. Um dos pontos de encontro foi a ilha de Chipre. Mas dois sítios arqueológicos na Síria mostram grande quantidade de cerâmica grega: Al Mina, que já mencionamos, e Ras el Bassit, na atual Síria. A cerâmica é nosso principal documento nesses sítios. Os futuros gregos e fenícios parecem ter participado conjuntamente da reconexão do mar. No continente grego, o principal impulsionador inicial parece ter sido a ilha de Eubeia, mas a cerâmica egeia mostrava, antes mesmo, a formação de um espaço cultural comum, cujo centro era Atenas e sua produção de cerâmica de estilo geométrico. Aos poucos, reformava-se a trama do mundo (para usar uma expressão de F. Braudel).

A partir do século VIII a.C., essa trama se tornou mais complexa. A expansão fenícia parece ter buscado fontes de matérias-primas, como cobre, estanho, ouro, chumbo e ferro, pelos quais se trocavam itens de artesanato refinado: grandes vasos de bronze, objetos em marfim e, sobretudo, vinho. O Império Assírio, que então se expandia no norte da Mesopotâmia, produziu uma grande demanda por esses bens, primeiramente por meio de troca e, depois da conquista assíria do Levante e do

Líbano, como tributo. Os navegadores gregos seguiram esse impulso e o movimento de trocas pelo mar colocou em contato uma grande variedade de comunidades locais.

Um sítio arqueológico muito interessante foi descoberto na ilha de Ischia, no golfo de Nápoles, na Itália. Os arqueólogos encontraram um assentamento humano, datado de cerca de 750 a.C., que resume, em linhas gerais, a movimentação humana no período. A ilha era um lugar destinado à produção de ferro. Seus vestígios arqueológicos mostram que era ocupada por povos de diferentes origens: fenícios, sírios, gregos da Eubeia e gregos da costa da Anatólia. Ischia não era uma área conquistada, mas um entreposto multicultural, dependente do ferro extraído da ilha de Ebla, em plena Etrúria, ao norte.

A partir do século VIII a.C. encontramos objetos de alto artesanato, produzidos por fenícios, gregos e outras populações do Oriente em quase todo o Mediterrâneo ocidental. É o período que os arqueólogos chamam de "orientalizante". Influências "orientais" na arte, nas técnicas, na cultura e na religião se difundiram pelo Mediterrâneo. O mar era uma fronteira "quase" aberta. As conexões eram limitadas, apenas, pelo interesse dos povos a sua margem em penetrar nas novas redes.

Os modos como afetaram as populações às margens do mar foram muito distintos. Dependeram das intenções e da força dos navegadores estrangeiros e das características das comunidades locais. A documentação que possuímos é material, proveniente de escavações arqueológicas. Na maior parte dos casos, além disso, é funerária. Conhecemos melhor a vida dos mortos que os espaços dos vivos.

RECEPÇÕES

Mesmo com essas limitações documentais, algumas tendências podem ser descritas. A abertura para o mar moveu as fronteiras internas das comunidades ao redor do Mediterrâneo. Em muitos lugares, uma elite guerreira parece ter se apropriado de parte da nova riqueza em circulação, provavelmente dominando a população camponesa no entorno. É assim que o personagem Sarpedão, aliado de Troia, justifica seu poder sobre os

66 HISTÓRIA ANTIGA

lícios, na *Ilíada*: é por termos nossas lanças, diz, e por sermos os primeiros no combate, que os lícios nos oferecem a melhor comida e o melhor vinho.

Na Etrúria, no Lácio, na Campânia, na Ibéria, no sul da França, os arqueólogos encontraram grandes sepulturas, tanto masculinas como femininas, que indicam a existência de uma elite em sociedades que, antes, pareciam mais igualitárias. Provavelmente não eram, mas a falta de objetos de distinção ocultava as diferenças sociais. A interconexão, portanto, promoveu, desde o início, não apenas um aumento da produção e da população, mas também a concentração de riquezas e poder e sua exibição.

É nas sepulturas dessas elites que aparecem as grandes realizações do artesanato oriental, juntamente com armas de ferro. A mais antiga delas encontra-se na ilha da Eubeia, ao lado da Grécia continental. No sítio arqueológico de Lefkandi, um homem com seus armamentos e cavalos e uma mulher com seu ornamentos foram enterrados com grande pompa, no século X a.C. Nessas muitas comunidades, com suas grandes diferenças, o controle da terra parece ter se relacionado com o domínio dos contatos pelo mar e com a posse de armas de ferro. A posse de cavalos, por outro lado, seja na guerra ou na paz, era um símbolo de prestígio social, como seguiria sendo por séculos (em nosso mundo, na verdade, até hoje!). Só muito depois, já na época das conquistas de Alexandre ou de Roma, a cavalaria se tornaria um instrumento de guerra eficaz.

O intercâmbio entre essas comunidades fez circular técnicas, ideias, homens e crenças. Ao longo do Mediterrâneo se difundiram o consumo e a produção de vinho e de azeite. Podemos traçar a ampliação do consumo desses produtos mediterrânicos por meio dos recipientes usados para transportá-los: as ânforas. Elas formam uma parte substancial de nossa documentação. Inventadas no Egito, difundidas por fenícios e gregos, as ânforas sinalizam uma ampla dispersão de produtos que, mais tarde, seriam considerados como tipicamente "mediterrâneos".

De início, foram produtos consumidos por elites locais. Em alguns casos, como na Etrúria, podemos observar os modos de sua adoção: o azeite era usado como solvente de perfumes, frequentemente encontrado em pequenos recipientes, e o vinho em ocasiões rituais, como o banquete – um hábito aristocrático, adotado em todo o Mediterrâneo e cujas origens parecem estar na Assíria. A produção de vinho e de azeite se alastrou, aos poucos, por todas as costas do mar, assim como a fabricação de ferro, técnicas artesanais e motivos artísticos. Não apenas os objetos viajavam. Junto com os comerciantes iam também artesãos.

Encontraremos essa dispersão de técnicas nos períodos seguintes. Uma vez introduzida uma novidade, ela era produzida localmente durante certo tempo, no começo por séculos, depois mais rapidamente, para e por todo o Mediterrâneo. Enquanto algumas especialidades permaneceram locais, outras se tornaram o que podemos chamar de *commodities*. O estudo dos assentamentos e dos naufrágios mostra que, já no século VIII a.C., havia produtos artesanais padronizados: cerâmica feita em série, no torno, ânforas com a mesma capacidade, lingotes de metal em forma de couro de boi, barras de ferro, lamparinas, elementos arquitetônicos etc. Mas podemos pensar em outros recursos menos visíveis, como madeira para construção naval ou sal para a conservação de alimentos. Esse é um dos meios de medirmos a intensidade progressiva da integração.

COLONIZAÇÕES

Um impacto diferente teve o processo de colonização, que se iniciou no século VIII a.C. As colônias (*apoikia*) se diferenciam dos *emporia* por terem como objetivo não apenas o comércio, mas também a transferência definitiva de população. Isso implicava o estabelecimento de assentamentos estáveis e a ocupação de territórios para a produção agrícola. Mas as colônias nunca perderam contato com o mar. Sempre foram fundadas no litoral.

As primeiras colônias de povoamento foram fundadas por fenícios de Tiro: Cádiz, na embocadura do rio Guadalquivir, na península ibérica ou Cartago, no norte da África. O oeste da Sicília, a Sardenha e a Córsega também foram ocupados, formando um mar "fenício", cujo centro era a cidade de Tiro. É possível associar esse movimento populacional fenício não apenas às vantagens do comércio, mas também às pressões exercidas pela expansão do Império Assírio, cada vez mais agressivo.

68 HISTÓRIA ANTIGA

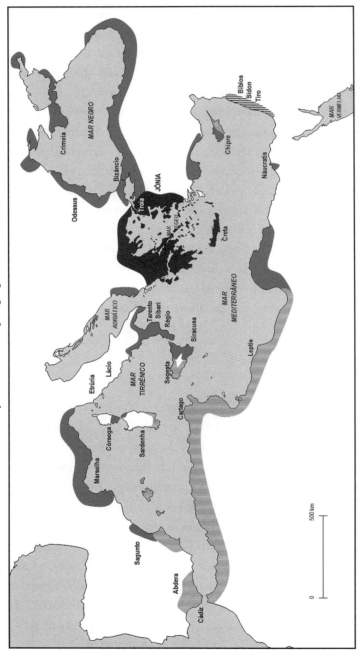

Mapa 2 – Colonização grega e fenícia

Os historiadores e arqueólogos se dividem sobre as causas da colonização grega: aumento populacional, conflitos sociais entre aristocratas ricos e camponeses cada vez mais pobres, conflitos políticos entre aristocratas de uma mesma região são as razões mais apontadas. Muitas datas, circunstâncias e lendas de fundação foram transmitidas por historiadores posteriores, sobretudo por Heródoto e Tucídides, considerados os pais da História. Ao lado das fontes arqueológicas, que são as mais fundamentais, esses historiadores antigos fornecem elementos importantes para pensarmos os tempos da colonização.

A dispersão das colônias gregas é notável. Assentamentos de fala grega espalharam-se pela costa oriental da Sicília, o sul da Itália, o norte da África, todo o norte do mar Egeu, o Bósforo e a parte norte do mar Negro. A origem dessas colônias era variada. Muitas, como a maior delas, Siracusa, provinham de centros comerciais muito ativos, como Corinto. Outras eram a junção de populações de origem diversa. Algumas provinham de regiões agrícolas, como a Acaia, no noroeste do Peloponeso, que não tinha cidades e cujos habitantes povoaram o sul da Itália usando a estrutura das pólis.

Muitas se assentaram pacificamente, aliando-se aos habitantes nativos. Outras se impuseram pela conquista, expulsando ou subjugando os moradores originais do território. Algumas regiões, como a Etrúria e o Lácio na Itália, a costa meridional da Espanha, ocupada pelos iberos, ou as regiões celtas ao norte do rio Ródano, já exibiam fronteiras fortes à colonização. Marselha, no sul da França, fundada no século VI a.C., foi uma das mais tardias e a mais ocidental colônia grega.

Um caso particular e muito interessante é o da fundação da colônia grega de Náucratis, no delta ocidental do Egito. Foi uma colônia desejada, consentida e até mesmo concebida pelo faraó Psamético, no século VII a.C. Por meio dela, os egípcios conseguiam ter acesso às redes de troca que se formavam no Mediterrâneo, sem abrir suas fronteiras internas. Os povoadores de Náucratis provinham das mais diferentes origens, sobretudo da costa da Anatólia. Para os egípcios era uma maneira, igualmente, de obter mercenários gregos para sua luta contra os assírios. Para as populações gregas, que

70 HISTÓRIA ANTIGA

iam e vinham, era uma grande fonte de renda, mas também de inspirações artísticas e religiosas.

É difícil imaginar como se dava o comércio nessa época. Não havia moeda, nem um sistema de valores econômicos comum. Muito da riqueza obtida com as trocas derivava, com certeza, da possibilidade que os mercadores tinham de ligar regiões nas quais os valores conferidos a matérias-primas ou peças de artesanato eram distintos. A maneira de trocar objetos também devia variar. Em alguns lugares, podia assumir a forma de escambo; em outros, ser representado como uma troca de "presentes". O gado servia, em muitos locais, como equivalente genérico, mas aos poucos se impuseram os metais, sobretudo a prata, como meio de valor.

RITUAIS E CRENÇAS

Há uma dimensão que não podemos ignorar: a religiosa. A esfera do sagrado fornecia um campo comum, através da qual diferentes populações podiam estabelecer redes de confiança, firmar suas identidades e dar sentido às suas relações. Santuários conjuntos aparecem nas fundações fenícias da península ibérica, assim como entre os etruscos, os latinos e diversos povos da Itália. Será um fenômeno comum no Mediterrâneo. O diálogo entre diferentes comunidades foi também um diálogo entre religiões, mas sem conflitos visíveis. Os cultos parecem ter servido mais para aproximar que para distanciar comunidades.

Na Grécia continental surgiram alguns grandes santuários, como o de Zeus, em Olímpia, que se tornaria famoso por seus jogos, ou os de Apolo, em Delfos e Delos, que atuavam como oráculos. Tornaram-se pontos de convergência na rede que se criava: polos de peregrinação onde oferendas votivas eram depositadas, lugares onde diferentes populações se encontravam e trocavam informações.

Seu desenvolvimento, como o de muitos outros, foi gradual. O santuário de Olímpia, localizado no Peloponeso, parece, por exemplo, ter servido primeiramente como ponto de encontro dos dóricos, uma "etnia grega" que falava um dialeto específico. O santuário de Delfos, no território dos fócios, tornou-se aos poucos internacional e tomou parte nas disputas entre as pólis gregas. Segundo Heródoto, foi até mesmo consultado pelo rei da Lídia, Cresos, quando os persas ameaçaram seu reino e depois o destruíram.

Os santuários, que em geral se situavam longe das pólis, foram também os lugares onde se construiu uma religião grega comum, a partir de divindades originárias da Anatólia, do Levante, de Creta e do mundo micênico. Foi nesses santuários, igualmente, assim como no mundo colonial grego, mais exposto às diferenças culturais, que aos poucos se estabeleceu uma primeira identidade grega frente aos bárbaros (de *barbaros* – o que fala outra língua).

DIVERSIDADE

Um aspecto fundamental do período das navegações foram as trocas culturais, num sentido bem amplo. Esse mundo de fronteiras ainda abertas colocou em contato milhares de comunidades separadas pelo mar, articulando uma imensa diversidade de modos de vida. Pelo contato contínuo com estrangeiros, começaram a se delinear "modas" mediterrânicas. Uma delas foi o chamado estilo "orientalizante", que se espalhou pelo Mediterrâneo após o VIII a.C. Fez parte do mesmo movimento que difundiu o uso do vinho e, para consumi-lo, do ritual do banquete. Artefatos de luxo em bronze e ouro se transformaram numa das "modas" das elites. Objetos e estilos decorativos originários do Egito, da Assíria, de Urartu (um reino ao norte da Assíria) foram retrabalhados por artífices gregos, fenícios e etruscos. Sua difusão uniu o Mediterrâneo, de uma ponta à outra, pelo consumo das elites.

É no período das navegações, precisamente, no qual nenhuma hegemonia política se impunha sobre as rotas do Mediterrâneo, que podemos observar a pluralidade de formas da troca cultural entre comunidades distintas, aproximadas pelo mar, mas ainda distantes. A permeabilidade da cultura torna esse período especialmente interessante para arqueólogos e

HISTÓRIA ANTIGA

historiadores. Como vimos, a velha ideia de uma civilização grega que teria se imposto pela sua superioridade não é mais aceita.

Duas mudanças significativas ocorreram na historiografia: a redescoberta do Oriente e a valorização das culturas, por assim dizer, "nativas". Houve vários modos de contato e de transmissão de ideias. Tantos, que é impossível descrevê-los em detalhe. Na península ibérica, por exemplo, entre os rios Tinto e Guadalquivir, desenvolveu-se uma cultura híbrida, fenícia e ibera, que os arqueólogos associam à antiga Tartesso, mencionada por fontes gregas e bíblicas. De lá provinham, sobretudo, metais. Os iberos, em geral, não se submeteram aos fenícios, mas uniram-se a eles em determinados períodos: adotaram sua escrita, aceitaram sua religião, sem abandonar a sua própria. Tampouco se fecharam para outros povos. Objetos gregos e etruscos são igualmente encontrados em seus assentamentos.

As regiões da Etrúria e do Lácio são outro caso particular. Nenhuma colônia ou *emporion* instalou-se sobre suas terras. As comunidades etruscas eram por demais poderosas e seus aristocratas e mercadores disputavam o mar e suas rotas comerciais com fenícios e gregos. Mas essa fronteira de poder não inibiu as trocas culturais. A elite etrusca, ao menos, adotou maciçamente as modas mediterrânicas, como o consumo de vinho e azeite e a cerâmica que os acompanhava; um verdadeiro *mix* de estilos: fenícios, egípcios, gregos de várias origens, assírios. Passou a produzir seu próprio artesanato "oriental", sobretudo em bronze, e a exportá-lo. Objetos produzidos por artesãos etruscos encontram-se em todo o Mediterrâneo ocidental e, através do Ródano, no interior da França, no mundo celta. Mas a Etrúria não deixou de ser etrusca, não perdeu sua identidade. Transformou-a ao sabor dos tempos.

Algumas colônias gregas, como Marselha, no sul da França, parecem ter se instalado sem grandes conflitos com os habitantes locais. A lenda sobre a fundação de Marselha sugere, além disso, um possível meio de integração: os casamentos mistos. Uma nobre local teria manipulado uma festa para casar-se com o chefe dos marselheses. Arqueólogos têm notado que, em diversas fundações gregas, a cerâmica destinada à cozinha, uma função feminina, permaneceu sendo aquela nativa. Sem a presença e a força das mulheres, de qualquer modo, não teria havido colonização.

Em outras fundações, como Siracusa, na costa leste da Sicília, o território foi ocupado de forma violenta. As disputas por terras entre gregos e nativos permaneceram como uma constante na Sicília e no sul da Itália. Aqui, as fronteiras foram definidas com maior clareza, o que não impediu de todo as trocas culturais. Se na Sicília os assentamentos nativos continuaram, por muito tempo, arredios à influência grega – a julgar pelos objetos depositados nas sepulturas –, no sul da Itália se desenvolveu um rico artesanato de inspiração greco-oriental.

Foi também no período das navegações, por experiências acumuladas, que se estabeleceram rotas e contatos preferenciais, tanto marítimos como terrestres. Por um lado, rotas de longa distância, como as de Tiro, Eubeia, Corinto, Megara, Atenas e Mileto, em períodos distintos ou sobrepostos. Por outro, um fortalecimento dos contatos e das identidades regionais em todo o entorno do Mediterrâneo. Foi desse movimento de regionalização que surgiram identidades amplas, que chamamos de étnicas: os etruscos, os latinos, os campanos, os gregos (e suas diversas etnias locais), os iberos e, para além das margens do mar, os judeus e os celtas, os povos do interior da Itália e muitos outros.

PERIFERIAS DO RECORTE

Judeus e celtas representam dois extremos em nosso recorte mediterrânico. A identidade judaica se constituiu de modo centrípeto. O palácio e, sobretudo, o templo de Jerusalém, forneceram uma unidade que atravessaria séculos, mesmo após o exílio sob os babilônicos, sucessores dos assírios, e sua reconstrução sob os persas. O templo conferia aos judeus não apenas uma identidade religiosa, mas também um centro para a organização da ordem da vida, da economia e das relações sociais.

Não era algo particular aos judeus. Um egípcio de Tebas ou um habitante da imensa Babilônia entenderiam essa relação, mesmo que não fossem devotos de um só deus. Assim como um morador da Nínive assíria

74 HISTÓRIA ANTIGA

ou de Persépolis, na Pérsia, entendiam como natural a relação entre o palácio real, os templos e a ordem da vida cotidiana. Em todas essas comunidades, havia um centro, de onde provinha o poder e a cultura e para onde eram destinados os tributos do trabalho ou o próprio trabalho. Isso porque, desde os assírios, populações inteiras eram deslocadas para outras regiões, onde seu trabalho rendesse mais.

O mundo do Mediterrâneo oriental, em suas terras internas, era um mundo de fronteiras estreitas, apertadas, em disputa permanente pelos grandes centros de poder. Manter uma identidade própria era uma questão de sobrevivência que apenas algumas comunidades puderam construir. Em outras regiões, em outras margens, as fronteiras eram mais fluidas e negociáveis. O norte continental do mar Egeu era povoado por trácios, o mar Negro, por citas. Deles conhecemos objetos e lendas, sobretudo as contadas por Heródoto. Não são parte da linha habitual da História, mas foram importantes para a História do Mediterrâneo. Os trácios possuíam muito ouro e ocupavam uma faixa de terra que ligava o oeste ao leste. Os citas, por sua vez, permitiam acesso às grandes planícies ao norte do mar Negro, importavam e exportavam para o Mediterrâneo e possuíam um artesanato de luxo único. Mas quanto mais nos afastamos das margens do mar, mais as fronteiras nos parecem irreconhecíveis. Eram, provavelmente, zonas de conflito, ainda muito fluidas, entre comunidades distintas.

O interior da Europa, nas linhas que seguem o Danúbio e o Reno, também se alterou ao ritmo das mudanças que ocorriam no Mediterrâneo. Nossas fontes são quase exclusivamente materiais, provenientes de escavações. Elas nos permitem visualizar uma área cultural bastante vasta, que compartilhava algumas técnicas, motivos decorativos, objetos e práticas sociais. Foi um mundo que também conheceu a tecnologia do ferro e que importava e exportava artefatos do Mediterrâneo. Mas tem sua dinâmica própria e sua própria periodização.

Celtas. Esse é o nome que identifica e unifica as comunidades da Europa central na Idade do Ferro. O que elas tinham em comum é muito vago. Há semelhanças de estilo decorativo, de cerâmica, de artefatos em metal que se espraiam pela Europa, a partir do Danúbio, desde o século VIII a.C. Desenhos abstratos, espirais, colares, pulseiras e alfinetes de bronze parecem semelhantes desde o Danúbio até a Irlanda. Alguns rituais religiosos, ligados aos picos das montanhas e às nascentes de rios, onde se depositavam oferendas votivas e se sacrificavam seres humanos, tornaram-se comuns numa vasta extensão da Europa central. Mas não sabemos o que dava unidade a esse mundo, politicamente dividido.

Sabemos que a língua celta, atestada por inscrições no alfabeto grego, depois romano, era falada nessa vasta região. O celta é, ainda hoje, uma língua viva, como no noroeste da Inglaterra e na Irlanda. Mas não sabemos se havia uma única identidade celta. Possivelmente não. As semelhanças, na cultura material e na língua, se disseminaram sem um centro diretor, sem um polo. No interior de uma mesma área cultural, as comunidades mantiveram suas diferenças. No início da Idade do Ferro, em regiões distantes do Mediterrâneo, como Heuneburg, construíram-se grandes principados, cujos testemunhos são as sepulturas suntuosas da elite dominante. Mas esses centros, que tinham contatos com o Mediterrâneo, desapareceram a seguir.

Séculos depois e mais próximos do Mediterrâneo, surgiram assentamentos mais densos, nos quais conviviam a elite guerreira, artesãos e camponeses. Os arqueólogos denominam essas comunidades concentradas com um termo latino, *oppidum*, que significa "lugar fortificado". Neles observamos a adoção do ferro, da escrita, da moeda e dos modos de troca mediterrânicos, como o consumo do vinho e do azeite.

Se olharmos ao norte, ao sul e a leste do Mediterrâneo, veremos influências dispersas, fronteiras distintas e muitas comunidades que não se encaixam em nosso recorte. Mas isso era previsível, como já havíamos afirmado. *Todo recorte histórico é arbitrário.* O fato de centrarmos nossa visão no Mediterrâneo implica deixarmos o Oriente Próximo e a Europa central às margens de nosso campo visual, como um campo periférico, que vemos sem enxergar com clareza. Não podemos pensar a História no Mediterrâneo sem deixá-los de lado, mas não podemos entender essa História sem levá-los em conta. Esse fato reforça nosso argumento: os processos de integração, ao longo do tempo, acabaram por ultrapassar os recortes que nos impusemos.

Esse é o preço que se paga por um recorte explícito: saber o que se agrega e o que se deixa de fora da narrativa. Nos capítulos seguintes, veremos essas margens interagirem intensamente com as conexões mediterrânicas. Antes disso, no entanto, vamos nos concentrar no surgimento de uma forma de organização social tipicamente mediterrânea, o resultado da época das navegações: a cidade-Estado.

SUGESTÕES DE LEITURA

Finley, M. *O mundo de Ulisses*. Lisboa: Editorial Presença, 1988.
    Interpretação marcante do mundo retratado pela *Ilíada* e pela *Odisseia*, ainda que as datas propostas para as obras sejam hoje contestadas.

Mitchell, G.; Rhodes, P. (eds.). *The Development of the Polis in Archaic Greece*. Londres: Routledge, 1997.
    Coletânea atualizada e crítica sobre o desenvolvimento das sociedades políticas gregas ao redor do Mediterrâneo.

Sherratt, Susan; Sherratt, Andrew. The Growth of the Mediterranean Economy in the Early First Millennium BC. *World Archaeology*, v. 24, n. 3, fev. 1993, Ancient Trade: New Perspectives, pp. 361-78.
    Artigo de importância seminal para a compreensão dos processos de reintegração do Mediterrâneo na Idade do Ferro.

Cidades-Estados

Até o momento, falamos de comunidades ao redor do Mediterrâneo de uma maneira vaga. Com a exceção da parte mais oriental do Mediterrâneo, o Egito e o Levante, incluindo o reino de Judá, a arqueologia não nos permite maiores detalhes. É só a partir do século VIII a.C. que começamos a entrever, em diferentes regiões do Mediterrâneo, o progressivo surgimento de comunidades organizadas a partir de centros urbanos: as cidades-Estados ou pólis.

As pólis formaram a organização social e política dominante das comunidades ao longo do Mediterrâneo nos séculos seguintes e, por isso, é importante nos determos sobre elas com atenção. A bibliografia a seu respeito é imensa, e os debates entre os historiadores e arqueólogos sobre sua História são bastante intensos e ricos. Na verdade, não há consensos entre os especialistas. Aqui, nos centraremos na questão da pólis sob o ponto de vista dos processos de integração no Mediterrâneo.

A pólis surgiu no contexto de um mar já conectado. Os espaços para migração e colonização haviam se restringido. Ao mesmo tempo, as conexões e as trocas levaram a um aumento do nível de riqueza e de produtividade em muitas regiões. Não foram apenas a elite ou os comerciantes que se beneficiaram desse novo mundo. Muitos camponeses, e mesmo artesãos, que puderam se especializar e lucrar no fluxo de bens, tornaram-se mais prósperos.

CAUSAÇÕES: ECONOMIA E TERRITÓRIOS

Alguns fatores tecnológicos são centrais: a difusão do artesanato e da divisão do trabalho artesanal – com a criação de oficinas estáveis –, a aceitação e demanda geral por *commodities* como vinho e azeite, as especializações locais em bens de valor agregado maior e, sobretudo, o aperfeiçoamento da produção do ferro e sua difusão dentro das comunidades. Além disso, um crítico fator político: entre os séculos VII e VI a.C., o médio campesinato, nas comunidades que se tornariam pólis, adquiriu suas próprias armas de guerra em muitas regiões do Mediterrâneo.

Desconhecemos a origem deste campesinato local. Mas há um aspecto central que podemos definir: a posse da terra e a autonomia ou dependência nas relações de trabalho são aspectos fundamentais de qualquer sociedade camponesa, assim como a existência de diferenças entre as várias famílias de uma comunidade. Terra, trabalho e comércio foram os fundamentos por trás do surgimento da pólis. Outro fator, sobre o qual temos menos informações, foi a separação entre terras de cultivo e terras de pastagem – um dos estímulos à propriedade privada. É por meio desses processos que podemos ver o desenvolvimento de atitudes mais cooperativas, ou mais competitivas, no interior de cada comunidade.

A pólis surgiu no entrecruzamento dessas duas tendências. Ela representou um progressivo fechamento das fronteiras externas a seu território e uma reelaboração das fronteiras internas entre seus habitantes. O fechamento externo se deu gradualmente. As aristocracias dominantes,

CIDADES-ESTADOS 79

embora detentoras de terra localmente, eram supralocais. Suas redes de alianças familiares se estendiam por diversas comunidades e as relações de amizade uniam os aristocratas a longa distância.

Havia muitas diferenças entre essas aristocracias guerreiras, mas possuíam práticas em comum. Seu privilégio social se legitimava por uma relação de parentesco com ancestrais comuns, considerados como origem de grupos familiares especiais. Nos territórios das futuras cidades gregas, esses privilégios se expressavam no culto às tumbas dos "heróis". Na Etrúria, no Lácio e em outras regiões da Itália era em sepulturas monumentais que se enterravam os membros de um clã.

O fechamento dos territórios em vários lugares do Mediterrâneo liga-se a dois fatores principais: o aparecimento de uma propriedade comunitária, que seria o embrião da propriedade privada, e a necessidade de defesa do território agrícola das incursões de outras comunidades. O fechamento do território pode ter correspondido à fixação de limites à propriedade da terra, separando a produção agrícola dos campos abertos dos grandes senhores de gado. O fechamento representou uma cristalização das relações locais, determinadas pela posse da terra, frente aos fluxos Mediterrâneos e uma progressiva dominância das relações agrárias, com uma nova ênfase no território, sobre as conexões internacionais. O exemplo mais monumental do novo domínio coletivo sobre o território agrícola foi arquitetônico e religioso. A partir do século VII a.C., muitas comunidades nas ilhas, na Grécia continental, nas costas da Turquia e na Itália, construíram grandes templos destinados a deuses específicos: os deuses de cada cidade.

As construções de templos foram verdadeiramente monumentais. Provavelmente se inspiraram em modelos orientais, sobretudo egípcios. Tornaram-se as novas moradias dos deuses. Não eram mais deuses de uma família aristocrática ou de uma etnia, mas de uma pólis. Eram os deuses da comunidade como um todo. A religião surgiu, assim, como um fator aglutinador das forças cooperativas da pólis. Era um vínculo comunitário e um garantidor de sua integridade, de seu território e de sua identidade.

Em algumas cidades, como a grande Argos, rival de Esparta no Peloponeso, os templos se organizavam em três linhas: um templo central, na cidade,

80 HISTÓRIA ANTIGA

um templo na planície, que marcava o domínio do território agrícola, e um templo de montanha, que assinalava a fronteira com outras comunidades. Mas havia também templos especiais, para o contato e o comércio com o estrangeiro, como em Pyrgi, na Etrúria, um santuário para deuses locais e estrangeiros, onde se encontraram um tratado fenício-etrusco inscrito em placas de ouro e uma âncora dedicada a Apolo pelo grego Sóstrato.

Nas cidades da Sicília dominavam Deméter, deusa da agricultura, e sua filha, Perséfone, esposa do deus da morte e divindade do renascimento anual da vida. Eram, portanto, associadas à produção de trigo e podem ser vistas, ao longo do tempo, seja como afirmação territorial dos colonos, seja como ponte para integração com os antigos habitantes da ilha. Ao que parece, a religião no mundo de contato cultural seguia seus próprios caminhos. Os templos gregos da Sicília estão entre os maiores e mais belos que sobreviveram até nós.

Nas cidades fenícias, Melkart, associado depois a Hércules, aparecia como a divindade principal. Foi no templo de Melkart, em Cádiz, que César, séculos depois, chorou ao comparar sua carreira com a de Alexandre. Essa associação e fusão de deuses, que é típica do politeísmo mediterrânico, é comumente chamada de *interpretatio*. A presença intensa do sagrado na vida, do respeito às divindades alheias e da possibilidade de associá-las, como diferentes facetas do divino, foram os grandes facilitadores da integração no Mediterrâneo.

Mesmo na Etrúria ou em Roma, onde encontramos um panteão dominado por três deuses, cujos nomes romanos seriam Júpiter, Juno e Minerva (ou Júpiter, Marte e Quirino, como se supõe para os tempos mais antigos), houve uma grande aceitação e incorporação de divindades estrangeiras, que aparecem já no século VI a.C., como Apolo e Dioniso (Baco) ou Demeter (Ceres), especificamente cultuada pela plebe de Roma. O chamado conservadorismo da religião romana é, antes de tudo, um conservadorismo ritual, não uma rejeição ou negação da força dos deuses alheios. Não se trata, portanto, apenas da adoção de divindades ou de seu nome, mas de sua absorção num universo religioso próprio. Pinturas etruscas do século IV a.C., por exemplo, mostram uma visão do além completamente única, com seus deuses e deusas da vingança portando pesados martelos ameaçadores.

CIDADES-ESTADOS   *81*

Além disso, mais que similaridade entre os deuses, ativamente buscada pelos povos mediterrânicos, podemos observar a expansão de práticas religiosas específicas, como a adivinhação, a maldição, os ex-votos e as súplicas. Todas são atestadas em todos os cantos do Mediterrâneo. Os etruscos se especializaram na adivinhação pelo estudo do fígado de animais sacrificados, os latinos, pelo voo dos pássaros. Ex-votos eram depositados em inúmeros santuários. Tabletes de maldição eram enterrados em sepulturas. Foram hábitos de séculos e que lembram a observação de Horden e Purcell sobre a existência de uma "certa homogeneidade" mediterrânica, como vimos anteriormente.

Nessa comunhão de deuses, há aspectos econômicos, sociais e culturais que não podemos esquecer. A construção de grandes templos era sempre uma obra coletiva. Ela implicava a capacidade de mobilizar, para um fim comum, uma grande quantidade de mão de obra. Não deixa dúvidas de que o excedente de trabalho ou de produção agrícola havia aumentado. Além disso, mostra que o trabalho coletivo não se destinava apenas a uma elite, mas também ao conjunto da comunidade. Os templos eram espaços públicos, nos quais toda a comunidade sacrificava aos deuses, em altares comuns, para o benefício de todos.

Por fim, mostra que essas comunidades tinham estabelecido uma boa organização do trabalho coletivo, na construção de templos, muralhas e espaços públicos, no interesse do conjunto. Construiu-se, assim, aos poucos, uma identidade territorial, fechada, citadina. Fechavam-se os territórios e muitos habitantes pleiteavam a propriedade ou a posse de um lote de terra dentro deles. Além disso, os templos, sobretudo os maiores, parecem ter participado de uma verdadeira corrida de prestígio entre as cidades. Em um mundo mais denso, no qual as informações circulavam mais e mais rápido, importava saber qual a mais bela, qual a mais rica, qual a mais lucrativa cidade.

ESPAÇOS PÚBLICOS

As pólis, sobretudo as costeiras, também se dotaram de equipamentos urbanos semelhantes. A arquitetura em pedra, derivada de modos de construção provenientes do Oriente, se expandiu pelo Mediterrâneo, até a península

82 HISTÓRIA ANTIGA

ibérica. A construção monumental foi influenciada por modelos egípcios e orientais. Sem as proezas de cálculo matemático, desenvolvidas na Mesopotâmia e no Egito, os grandes monumentos gregos teriam sido impossíveis.

Mas uma grande novidade, que marcou a história dessas cidades, foi a criação de espaços públicos, como a ágora ou o fórum, centrais à cidade e independentes de qualquer instituição dominante, como um palácio ou um templo. A religião não deixou de ser fundamental, mas adquiriu outro caráter, cívico e público. Em termos arqueológicos, reconhecemos uma pólis grega por sua ágora e uma pólis romana, ou latina, por seu fórum. Eram os espaços fundamentais de reunião do povo. É o que as diferencia dos chamados *oppida*, sobre os quais ainda paira a dúvida se eram pólis ou não.

A criação de um espaço público não foi uma invenção da cidade mediterrânica. Ele já existia no Oriente há muito tempo, onde havia propriedade privada, leis e julgamentos públicos. A novidade das pólis deveu-se à dominância desse espaço, quase sem concorrentes. No Mediterrâneo foi a pólis que assumiu, aos poucos, a função de uma unidade pública de indivíduos, ou melhor, de casas privadas (*oikos*, em grego; *domus*, em latim).

Não foi um processo simultâneo em todos os lugares ao redor do Mediterrâneo, nem universal, mas podemos descrever um quadro geral. O fechamento progressivo das fronteiras externas colocou em primeiro plano a defesa dos territórios agrícolas. Se os templos, como na cidade de Argos ou nas colônias da Magna Grécia e da Sicília, marcavam os limites simbólicos do território de cada pólis, sua defesa dependia da capacidade de luta de seus habitantes.

O barateamento do ferro, para armas e instrumentos, redefiniu o poder dos camponeses dentro das comunidades. Já desde o século VII a.C., alguns historiadores apontam para uma grande mudança nos exércitos da pólis. Médios camponeses, agora capazes de se armar adequadamente, graças à revolução do ferro, passaram a formar batalhões compactos, os hoplitas, armados de escudo, lança, espada e elmo, atacando em formação cerrada. Eram organizados, disciplinados, semelhantes entre si e preparados, antes de tudo, para defender as planícies agrícolas. Muitos historiadores relacionam esta "revolução hoplítica" ao surgimento da pólis como entidade política.

CIDADES-ESTADOS **83**

Os senhores da guerra aristocráticos perderam, pouco a pouco, sua utilidade para o bem comum, exceto em áreas territoriais extensas, algumas mesmo incluindo pequenas pólis, que os autores gregos denominavam de *ethnos*. Eles foram os grandes derrotados pela criação das pólis. Algumas eram monarquias que incluíam pólis dependentes, como a Macedônia e a Tessália, outras eram povoadas por aldeias, como a Acaia e a Arcádia. Nelas, as aristocracias permaneceram dominantes e voltaremos a encontrá-las, com renovado poder, quando falarmos das hegemonias.

Nas pólis, a cooperação para a defesa externa alterou as fronteiras internas. Mas nem todas as pólis se fecharam ao mesmo tempo, nem da mesma maneira, nem seus conflitos internos foram resolvidos do mesmo modo. Como já ressaltamos, estes não podem ser separados das redes externas, que ligavam cada comunidade ao espaço mediterrânico. Por isso, as pólis mais conectadas ou maiores parecem ter passado por esse processo com maior intensidade.

De modo bem geral, o desenvolvimento gradual da pólis deu-se em detrimento das aristocracias de nascimento, ou seja, aquelas que legitimavam sua posição pela ascendência genealógica. A base de classificação social e de prestígio migrou, lentamente, do nascimento ilustre para a riqueza. Essa contestação já aparece em certos momentos da poesia épica. Na *Odisseia*, de Homero, por exemplo, Telêmaco, filho de Ulisses, um dos heróis da guerra de Troia, não conseguiu prevalecer na própria casa na ausência de seu pai, mesmo que sua mãe, Penélope, fosse assediada por muitos pretendentes, que consumiam os recursos de pai e filho. Telêmaco compareceu à ágora, queixou-se de sua humilhação perante a população, que o ouviu, comentou, mas não interveio.

EXEMPLOS E EXCEÇÕES: ATENAS

Para além da poesia, no entanto, podemos citar exemplos bem conhecidos: os aristocratas de nascimento em Atenas – chamados de eupátridas – perderam seus privilégios após as reformas de Sólon, no início do século VI a.C. O conteúdo dessas mudanças e suas causas são conhecidos apenas indiretamente, por fontes posteriores. Aristóteles, em sua *Constitui-*

84 HISTÓRIA ANTIGA

ção dos atenienses, afirma que por muito tempo os nobres e o povo estavam em conflito e que os pobres, suas mulheres e filhos eram escravos dos ricos, por conta de suas dívidas. Todas as terras eram propriedade de uns poucos e os devedores insolventes perdiam sua liberdade. Segundo Aristóteles, ainda, Sólon foi o primeiro campeão do povo.

Nos fragmentos dos poemas escritos pelo próprio Sólon, este se apresenta como um escudo, que se opôs aos extremos, sem deixar a pólis se dissolver. Criou um sistema político mais claro, baseado na riqueza e no prestígio, que dividiu os cidadãos em quatro grupos, os capazes de produzir 500 medidas (*medimmnoi*) de grãos, os que possuíam cavalos (*hyppeis*), os zeugitas (hoplitas) e os *tethas* (os sem posses). Cada grupo detinha certas responsabilidades em relação à comunidade. Sólon criou novas instituições de poder, reformando o antigo conselho da cidade, o Areópago.

As reformas de Sólon foram uma resposta pontual a uma grande crise em Atenas, que dividia aristocratas e o povo, ricos e pobres, endividados e devedores e atingiu, até mesmo, cidadãos atenienses vendidos ao exterior e que haviam esquecido a língua pátria. Embora não tenham sido definitivas, forneceram a Atenas uma primeira definição de cidadania. A tirania subsequente de Psístrato e seus filhos mostraria o quanto a potencialidade de conflito permanecia viva em Atenas, sobretudo entre as camadas mais ricas. Em muitas cidades, a evidência arqueológica mais clara dessa equalização social foi o fim dos enterramentos com armas. Os sepultamentos parecem mostrar, em vários lugares, um novo ideal de igualdade. Os santuários se tornaram o lugar por excelência das manifestações de *status* – mas eram espaços públicos.

ROMA

Caso ainda mais complexo é o da cidade de Roma, após a expulsão dos reis etruscos. As fontes são escassas, mas algumas reconstruções são, no mínimo, plausíveis. Em primeiro lugar, temos que assinalar que o fechamento dos territórios agrícolas, na Itália, foi mais tardio e menos intenso do que na Grécia central. Roma foi uma cidade etrusca até o fim do século VI a.C. e a derrubada da monarquia fortaleceu uma aristocracia de nasci-

CIDADES-ESTADOS 85

mento, os patrícios, que tentou manter sua exclusividade na cena política por mais de cem anos, separando-se do resto da comunidade, os plebeus. Mas essa pretensão não sobreviveu aos conflitos internos e externos.

A guerra entre as comunidades na península itálica sempre foi intensa, tanto entre as pólis em formação quanto entre estas e as populações organizadas em *ethne* (para usarmos um termo grego). Foi por sua importância militar, segundo o historiador latino Tito Lívio, nossa principal fonte, que os dois estratos – as duas cidades – patrícia e plebeia, após muitos embates finalmente se uniram. Após os violentos choques do século V d.C., patrícios e plebeus romperam as barreiras que os separavam e agregaram, no mesmo movimento, habitantes de outras comunidades, como latinos e etruscos. Na Itália, o fechamento dos territórios e da cidadania sempre foi mais flexível. Voltaremos a este ponto.

SIRACUSA E A SICÍLIA

Na Sicília, as sucessivas ondas de migrantes, a pressão ou absorção dos habitantes nativos, a guerra contra os fenícios e, depois, contra os cartagineses e, enfim, o uso maciço de mercenários estrangeiros criou uma situação política própria. Siracusa foi a maior cidade de fala grega do Mediterrâneo ocidental. Seus colonizadores mais antigos disputavam a terra com os mais recentes, assim como muitos mercenários. Em alguns momentos, os tiranos de Siracusa conquistaram quase toda a Sicília, destruindo cidades e deslocando sua população. Ocuparam a Magna Grécia, invadiram o norte da África, lutaram contra Cartago e tiveram ambições imperiais. Território e população nunca se estabilizaram em Siracusa e a multiplicidade de conflitos resultou em sucessivas tiranias e na monarquia que antecedeu à conquista romana.

CARTAGO

Cartago, no norte da África, foi fundada pela cidade fenícia de Tiro e era dominada por uma oligarquia comercial. Nunca teve um forte exército citadino, baseando-se na contratação de forças mercenárias. Quando Tiro

86 HISTÓRIA ANTIGA

foi conquistada pelos assírios, Cartago assumiu boa parte das fundações fenícias no Ocidente, formando uma zona de controle própria, que ia do oeste da Sicília, passando pela Sardenha e pela Córsega, até os domínios na península ibérica. No norte da África, ampliou seu controle sobre a costa e sobre uma vasta região produtora de trigo, vinho e azeite. Os romanos, mais tarde, atribuíam aos cartagineses a introdução da fazenda trabalhada por escravos e "racionalmente" dirigida à produção de lucro. Sabemos pouco sobre sua vida política. Havia um Senado, juízes que atuavam como magistrados e uma divisão interna entre agricultores e comerciantes. Gregos, como Aristóteles, consideravam Cartago uma pólis "de tipo grego" e um bom exemplo de organização cívica.

ESPARTA

Outro caso, bem particular, é o de Esparta. A pólis espartana não se reuniu em um centro urbano, mas permaneceu separada em vilarejos, sem uma muralha unificadora. Esparta foi um caso de ideal aristocrático levado ao conjunto dos cidadãos, por uma suposta plena igualdade. Após a dominação de outras populações, como os habitantes do vale do Eurotas, ou o conjunto dos messênios, nos séculos VII e VI a.C. (habitualmente conhecidos como hilotas), os habitantes de Esparta reorganizaram-se de modo a repartir a exploração das populações conquistadas e dominá-las através de um treino específico para a guerra permanente. Alguns autores, como Catherine Morgan, associam o domínio espartano sobre o Peloponeso – que incluía outras pólis (os periecos) e populações dominadas – menos a uma pólis clássica e mais à estrutura das *ethne* mencionada acima. Mas os próprios gregos não tinham dúvidas de considerar Esparta uma pólis.

A ênfase no treinamento comum para a guerra não implicou a igualdade de riqueza de todos os espartanos, apenas em sua igualdade perante os explorados: uma vida comum, hábitos de consumo comuns, um forte sentimento de comunidade. Todos os espartanos se tornaram, por assim dizer, aristocratas, mas sob a condição de se fecharem para o exterior, de proibirem o uso da moeda, de manterem hábitos simples, de ocultarem suas diferenças de riqueza, participando de uma educação militar comum e de um banquete ritual: a *syssitia*. Todo o Peloponeso era sua área de influência. Em certo sentido, a pólis espartana incluía todos os povos dominados: messênios e hilotas trabalhavam a terra, periecos comerciavam e produziam objetos, espartanos guerreavam. Era um sistema político muito específico e tenso, sujeito a revoltas, em especial das comunidades messênias. Mas seu exército de hoplitas tornou-se o melhor de todos entre os gregos por mais de dois séculos.

O QUE HAVIA DE COMUM?

Mencionamos, até aqui, apenas grandes exceções, pois as conhecemos um pouco melhor. A maioria das pólis do Mediterrâneo tinha pequenas dimensões. Às vezes, não mais que 1.000 ou 2.000 habitantes. Algumas ilhas pequenas tinham mesmo duas ou três pólis lado a lado. Seus sistemas políticos variavam segundo as circunstâncias: tiranias, oligarquias e democracias dependiam da época e dos aliados. Em algumas, os camponeses conseguiam enfrentar o poder dos mais ricos, em outras, aceitavam viver sob uma oligarquia. Em muitos lugares, aristocracias guerreiras de nascimento continuaram a dominar por séculos.

Há um traço comum, no entanto, entre todas as pólis: a existência de um espaço público e, sobretudo, sua articulação em algumas instituições principais: um conselho (em geral dos anciões); uma assembleia, que reunia a população capaz de se armar, ou por vezes toda ela; um tribunal e agentes públicos, eleitos ou nomeados (que chamamos de magistrados), para tocar a ordem do dia a dia – fosse o preço dos produtos no mercado, fosse a condução de uma guerra. Esse modelo é geral. Não sabemos como surgiu. É possível que se tenha inspirado nas cidades fenícias, mas também pode ter derivado da imitação de comunidades próximas (o que os ingleses chamam de "interação política entre pares").

Uma característica essencial das pólis foi a extensão do direito à propriedade privada para todos os habitantes. Era por meio de sua participação na comunidade política que cada cidadão se tornava um proprietário privado de uma parcela das terras da cidade. O predomínio da propriedade privada em sociedades camponesas foi, talvez, a maior inovação da cidade

88 HISTÓRIA ANTIGA

antiga. Ela introduziu fronteiras claras entre os membros da comunidade, ao mesmo tempo que os separou dos estrangeiros.

Foi a progressiva afirmação da propriedade privada que permitiu a ascensão dos camponeses médios. Foi ela, igualmente, que produziu a dinâmica própria das pólis. Ao longo de gerações, algumas famílias enriqueciam, outras empobreciam. A mobilidade social dependia de estratégias individuais a cada núcleo familiar: casamentos, número de filhos, escolha do que plantar e, muitas vezes, o acaso (como uma seca, uma tempestade). O comércio com o exterior fornecia, igualmente, uma possibilidade de ascensão social e enriquecimento.

A propriedade privada introduziu um novo tipo de conflito nas cidades-Estados: a luta entre ricos e pobres, entre credores e endividados. Muitos dos desenvolvimentos da pólis, nos séculos seguintes, podem ser associados à forma privada de propriedade: a escravidão, a expansão da moeda e a instabilidade crônica das pólis, as mudanças de regime, os massacres internos, os exílios e as traições.

Arqueólogos do Levante e do Egito têm pouco a dizer a respeito das pólis. No Império Neoassírio e, em seguida, Neobabilônico, também existiam cidades, mas quase sempre dominadas por um palácio real ou um templo, ou dependentes de um poder superior a elas. No Extremo Ocidente, havia aglomerações que podemos chamar de urbanas, mas sem praças, nem edifícios públicos – os *oppida*, que mencionamos anteriormente. Em ambos, os extremos do Mediterrâneo, são casos de aglomerações urbanas, mas não são plenamente pólis. Por quê?

A resposta mais simples é porque a pólis é um fenômeno do centro do Mediterrâneo. Suas instituições foram talvez, como vimos, inspiradas em instituições fenícias, pois eram as mais antigas. Mas, uma vez adotadas, e demonstrada sua eficiência, se espalharam por uma vasta área. Tratou-se de uma institucionalização geral e comum das ordens da vida. Um passo muito além das vontades pessoais de grandes senhores. Ordens sociais são acordos temporários sobre projetos de futuro e as pólis mostravam acordos que, em princípio, eram muito parecidos entre si.

A semelhança institucional das pólis, através de várias culturas, é um elemento muito interessante. Ela nos sugere que uma forma de administrar

CIDADES-ESTADOS **89**

conflitos políticos, como a distribuição das terras e o pagamento das dívidas, foi um avanço tecnológico tão importante como o da adoção do ferro, da escrita ou do artesanato de luxo. Sem essa revolução na política, não entenderíamos os séculos seguintes. As pólis contribuíram, assim, para a institucionalização e permanência das fronteiras internas criadas no processo de interação pelo mar. Elas cristalizaram pontos de referência, afetando diretamente a "trama do mundo" e restringindo e ordenado a mobilidade de pessoas.

Entre os séculos VI e V a.C., as redes mediterrânicas forçaram as localidades a olharem mais para si mesmas, para se reposicionarem nos fluxos, para controlá-los ou para tentar se proteger deles, como em Esparta. A pólis não foi a única forma adotada. Como já foi dito, muitas regiões permaneceram arredias à concentração de comunidades implicada por ela, como o centro da Itália, o norte da Grécia ou os planaltos da Anatólia. O Egito, embora articulado aos tráfegos do Mediterrâneo, também permaneceu uma região à parte, voltada para o vale do Nilo.

Dentre as formas de organização social que surgiram nesse período, no entanto, as pólis foram o elemento mais dinâmico. Não representaram apenas um processo de urbanização, mas também uma completa reestruturação das relações entre os habitantes de uma região determinada, que passaram a agir em conjunto, a tomar decisões públicas, nas praças ou nos conselhos, e a eleger seus comandantes. E isso, tanto para resolver seus conflitos internos quanto para agir com ou contra os estrangeiros. Dessa relação de unidade surgiu o conceito de cidadania e a separação entre cidadãos e não cidadãos. Apenas os primeiros tinham, em geral, direitos de propriedade e proteção legal por leis públicas. A multiplicação de pequenos espaços públicos que serviam a comunidades de proprietários privados pelo Mediterrâneo teve consequências profundas. Nem sempre elas são óbvias.

CUNHAGENS

Uma delas foi a difusão da cunhagem de moedas. Trata-se de um processo, ao mesmo tempo, internacional e local. Os tráficos no Mediterrâneo que, como vimos, propiciavam a troca de bens entre regiões com

90 HISTÓRIA ANTIGA

sistemas de valores diferentes acabaram convergindo na apreciação de certos metais, sobretudo a prata, como meio geral de troca. A cunhagem representava a garantia de um poder estatal do peso do metal amoedado. Essa prática parece ter surgido no reino da Lídia, próximo às cidades gregas da costa da Anatólia e ter se expandido a partir do século VI a.C.

O uso da moeda se difundiu lentamente pelo Mediterrâneo, mas foi muito significativo. Muitas pólis, sobretudo as que tinham mais acesso a fontes de metais preciosos, passaram a cunhar moedas como forma de afirmação de sua identidade. As de Atenas se identificavam pela presença de uma coruja, as de Egina por uma tartaruga, as de Siracusa pela ninfa Aretusa. Eram uma demonstração de orgulho e de propaganda cívica.

Para além de sua iconografia, indicavam o poder de uma comunidade política em estabelecer padrões, de medir as diferenças de riqueza internas, de impor-se nos tráficos mediterrânicos e de auferir lucros comunitários pelo monopólio das emissões. O peso e a pureza do metal cunhado eram garantidos pela autoridade da cidade emissora e, ao mesmo tempo, reforçavam-na.

Só aos poucos, ao longo dos séculos seguintes, a moeda foi assumindo o papel de riqueza líquida, que podia ser armazenada, trocada por qualquer bem, emprestada a juros, inflacionada. Graças a ela surgiram os primeiros bancos, os empréstimos para o comércio, a navegação ou o consumo, que conduziram a uma grande aceleração da integração comercial no Mediterrâneo. Foram processos de longo prazo, certamente, mas é importante assinalar que sua origem está ligada ao surgimento das pólis na trama das trocas do Mediterrâneo.

ESCRAVOS

A expansão da escravidão foi outro processo ligado à criação das pólis. As razões foram políticas e econômicas e derivaram do aumento de fluxos no Mediterrâneo. Também derivaram, em grande parte, da nova posição atribuída aos estrangeiros nas pólis. A liberdade dos cidadãos estimulou a introdução de escravos estrangeiros. Foi ao mesmo tempo um processo de inclusão, dos habitantes do local, e de exclusão dos de fora. Naquelas pólis em que o compromisso político entre cidadãos impedia a submissão de um cidadão por outro, a escravização de estrangeiros tornara-se essencial para a produção primária. Nos grandes polos de interconexão do Mediterrâneo, sobretudo nas cidades portuárias, desenvolveu-se, aos poucos, um intenso tráfico de seres humanos. As fontes de escravos eram muitas: prisioneiros de guerra, pessoas traficadas de regiões periféricas, filhos vendidos por pais sem condições de mantê-los ou mesmo a autoescravização. Os escravos tornaram-se uma parte crescente da população mediterrânica.

O impacto da escravidão não foi o mesmo ao redor do Mediterrâneo e variou ao longo do tempo. Foi mais intenso em alguns setores, como mineração, artesanato e serviços domésticos e, de modo geral, nas áreas mais ligadas ao comércio e à produção de *commodities*. Em regiões onde a população camponesa permaneceu dominada, como no Peloponeso ou na Tessália, sua penetração foi menor. Por isso, podemos afirmar que a escravidão se ligou, diretamente, aos novos padrões de interação no Mediterrâneo. Dependeu do fortalecimento das fronteiras internas, da implantação da propriedade privada, da criação do estrangeiro, e foi estimulada pela necessidade de intensificar a produção nos centros mais ligados à rede de trocas mediterrânicas. A escravidão, quando associada à produção, permitia um grande aumento na produtividade do trabalho. Embora a relação senhor-escravo fosse privada, era a comunidade como um todo que possibilitava o controle sobre a massa de escravos. Nesse sentido, mais uma vez, a escravidão mediterrânica, privada, baseou-se na força comunitária das pólis.

Nem todos os estrangeiros, no entanto, se tornaram escravos. As cidades portuárias, em especial, formaram a base de um fluxo de pessoas através do Mediterrâneo, sobretudo artesãos, comerciantes, mercenários e pensadores. Em Atenas, por exemplo, possuíam um estatuto especial, eram metecos, ou coabitantes. Concentravam-se no porto da cidade, o Pireu, e participavam da vida social dos atenienses, embora fossem excluídos da vida política. Os escravos, quando libertados, assumiam um estatuto similar ao dos metecos. Já em Roma, um escravo libertado podia tornar-se cidadão. Essas diferenças mostram como cada cidade ou região lidou com a questão do fechamento de seus territórios e com a mobilidade mediterrânica de modo específico.

DOMINAÇÕES CULTURAIS

O desenvolvimento das pólis influenciou, igualmente, os modos de construção de identidades coletivas. Os fluxos mediterrâneos, como vimos, tinham posto em contato populações muito distintas. Pela primeira vez, haviam tido contato com culturas diferentes e tomado consciência de sua especificidade. Semelhança de língua, origem, deuses e ritos comuns foram mobilizados para a criação de identidades regionais, que chamamos de étnicas, como já vimos.

As pólis propiciaram o surgimento de uma nova identidade: uma identidade política, local. As identidades locais não negavam o pertencimento a entidades mais amplas, talvez anteriores às pólis. Os atenienses, por exemplo, consideravam-se parte dos jônios, como muitos habitantes da costa da Anatólia. Os espartanos, parte dos que falavam seu dialeto, o dórico. Os primeiros competidores em Olímpia, por exemplo, eram todos dóricos, fossem do Peloponeso ou do mundo colonial no Ocidente. Essas filiações mais amplas, por sua vez, fortaleciam os vínculos através do Mediterrâneo, auxiliavam na criação de redes.

A partir de meados do século VI a.C., essas redes de identidade começaram a assumir contornos mais precisos, sobretudo no mundo de fala grega. Ser grego, como ser latino, etrusco ou púnico, era uma nova fronteira, na qual dominava a dimensão cultural. No caso dos gregos, em particular, essas fronteiras se associaram a uma nova dimensão da cultura, ligada à educação e à erudição.

Primeiro vieram os sábios: Pitágoras, Tales, Sólon, Arquitas e muitos outros. Sua dívida com os saberes produzidos no Oriente não pode ser posta em dúvida. Pitágoras, por exemplo, cuja influência foi exercida na Magna Grécia e, depois, no pensamento grego em geral, é diretamente relacionado ao desenvolvimento da matemática, cujo conhecimento, para os gregos, vinha do Egito. Muitas das histórias sobre os antigos sábios gregos assinalam visitas ao Oriente. Em muitos sentidos, a filosofia grega não é o "milagre" que ainda se apregoa. Ela é filha do pensamento oriental, estimulada pelo ambiente dinâmico das cidades mediterrânicas.

Os sábios circulavam pelas cidades gregas resolvendo conflitos por sua compreensão do humano e do divino. A criação do livro, como obra de um autor, permitiu que suas ideias se estendessem no tempo. O livro foi uma inovação fundamental nesse mundo. Textos escritos em grego passaram a circular pelo Mediterrâneo, estabelecendo uma cultura comum.

Foi assim que as obras atribuídas a Homero, os poetas líricos, as Histórias de Heródoto e Tucídides e as tragédias atenienses tornaram-se, com o tempo, o patrimônio comum dos gregos letrados. A cultura letrada, disponível a quem pudesse pagar para aprendê-la, foi uma grande invenção mediterrânica. Foi uma imensa revolução na tecnologia da sociedade. Embora suas origens se encontrem mais ao Oriente, no Egito ou na Mesopotâmia, foi no Mediterrâneo, espaço da propriedade privada e de ideias privadas, que o livro floresceu.

Foi a partir dele e dos professores de sabedoria, ou filósofos, que surgiram, aos poucos, a literatura e a escola. O ginásio, onde se treinava o corpo nu e onde se aprendiam as primeiras letras, iria se tornar, na longa duração, o espaço por excelência da identidade grega. A partir do século V a.C., como nos seguintes, Atenas seria a escola da Grécia.

Escola vem do grego *scholé*, tempo livre. Não era, assim, uma atividade aberta a todos. Apenas os mais ricos podiam segui-la por inteiro, adentrando-se na arte do bem falar, do bem argumentar, do bom conhecimento. O ensino tornou-se, gradualmente, uma fronteira interna, que separava ricos e pobres, e uma fronteira externa, que separava as elites gregas dos demais habitantes do Mediterrâneo. Já no século VI a.C., mas com mais intensidade a partir do V a.C., professores viajavam de cidade em cidade, para ensinar as elites. Como veremos nos capítulos seguintes, a educação tornou-se uma dos fatores centrais da integração no Mediterrâneo.

O surgimento das pólis representou, assim, uma reconfiguração de imenso significado nos processos de integração do Mediterrâneo. O litoral do mar tornou-se mais exclusivo, mais delimitado. As diferenças com os territórios continentais começaram a sobressair. Fronteiras internas, locais, e externas, regionais ou mediterrânicas, passaram a dialogar de modo distinto.

O mundo das pólis, surgido das conexões pelo Mediterrâneo estabelecidas nos séculos anteriores, representou certa homogeneidade das organizações políticas territoriais em vários espaços ao longo do mar. Na Grécia central, nas ilhas do Mediterrâneo oriental, nas costas da Anatólia, no sul da Itália, entre etruscos e latinos, na Sicília, no norte da África, na península ibérica e no Levante e mesmo no mar Negro.

Mas nem todas as regiões costeiras se transformaram em pólis, nem as pólis eram totalmente semelhantes entre si. Por razões históricas ambientais ou mesmo geográficas, algumas pólis tornaram-se grandes centros articuladores, muito populosos, polos de grandes redes e dispondo de grande poder interno e externo. Foi o caso dos grandes centros marítimos, como Atenas, Mileto, Siracusa e Cartago, e daqueles ligados a rotas terrestres, como Esparta e Roma. Foram os nódulos de agregação das redes.

Outras pólis eram muito menores. A maioria nunca teve mais que algumas centenas, ou alguns milhares de habitantes. Pólis muito pequenas, como encontramos nas ilhas do Mediterrâneo oriental, podiam sobreviver ao risco agrícola de cada ano porque se encontravam imersas numa ampla rede de trocas. Eram escalas nos trajetos marítimos e terrestres ou produziam bens apreciados por sua singularidade. Mas não podiam projetar seu poder sobre as redes existentes.

Num mundo cada vez mais adensado e competitivo, só as grandes pólis podiam resolver seus conflitos internos por meio do controle e exploração de outros territórios, sobretudo de outras pólis. No Mediterrâneo, as pequenas pólis, com seu território organizado, representavam presas mais fáceis do que sociedades que haviam adotado uma organização social mais flexível, como os *ethne* samnitas e sabinos no centro da Itália, ou as populações etólias na Grécia central que alguns chamam, erroneamente, de tribais.

No início do século v a.C., o Mediterrâneo era um mosaico de sociedades distintas que apenas começavam a se articular. As regras da ordem social, como, por exemplo, as relações entre proprietários e não proprietários, velhos e jovens, homens e mulheres, ricos e pobres, guerreiros, artesãos e camponeses, cidadãos e estrangeiros eram muito diferentes de um ponto a outro do Mediterrâneo.

É apenas o olhar do historiador que permite agrupar essas diferenças em três níveis. No Mediterrâneo oriental, a junção ou fusão de antigas organizações sociais centradas em palácios expansionistas ou em templos havia dado lugar ao grande Império Persa, que unificara as terras da Índia, da Mesopotâmia, de Jerusalém e do Egito até as cidades gregas da costa da Anatólia. Para muitos historiadores, foi o primeiro "império universal" nesta parte do mundo.

No centro do Mediterrâneo, entre a costa da Anatólia e a península ibérica, constituíra-se um mundo de cidades, de pólis, em permanente contato, mas em competição entre si. Não era, ainda, um mundo de fronteiras claras, pois se defrontavam, a leste, com um grande império e, a norte e a oeste, nas zonas periféricas, com outras formas de organização social: bandos guerreiros, como os celtas, *oppida* assimiláveis ao mundo da pólis, grandes grupos étnicos, como os sículos, na Sicília, ou os samnitas no centro da Itália.

A consolidação dos contatos, das conexões entre os lugares, das redes de troca e da organização dos territórios tinha formado um grande palco para os séculos seguintes. Como veremos nos próximos capítulos, essas interações iriam se intensificar e se tornar o objeto de disputas pelo seu controle, disputas militares, conflitos pelo poder.

SUGESTÕES DE LEITURA

FINLEY, M. I. *A economia antiga*. Porto: Afrontamento, 1980.
Uma das referências centrais da História Antiga e da economia das cidades-Estados. Sua publicação representou um verdadeiro ponto de inflexão da historiografia do século passado.

FINLEY, M. I. *A política no mundo antigo*. Rio de Janeiro: Zahar, 1985.
Importante estudo sobre a política nas cidades-Estados gregas e romanas, escrito por um dos mais influentes classicistas do século XX.

FLORENZANO, M. B. B.; HIRATA, E. V. (orgs.). *Estudos sobre a cidade antiga*. São Paulo: Edusp, 2009.
Coletânea de artigos sobre a cidade antiga escritos por especialistas brasileiros num livro organizado pelo Laboratório de Estudos sobre a Cidade Antiga (Labeca) da Universidade de São Paulo.

VERNANT, J. P. *As origens do pensamento grego*. São Paulo: Difel, várias edições.
Estudo clássico sobre as origens da pólis e sua relação com o surgimento da racionalidade grega.

Hegemonias

A partir de meados do século v a.C., nossa documentação cresce imensamente. Uma das causas foi o surgimento da tradição literária grega e do ensino escolar. Mas as fontes escritas tendem a se concentrar em certos lugares, como Atenas, e sobre certos assuntos: a História, a tragédia e a comédia atenienses, os discursos públicos e judiciários. É em Atenas, também, que se inicia o chamado "hábito epigráfico", ou seja, a difusão de inscrições públicas: funerárias, comemorativas ou legais.

Além dos textos em grego, possuímos escritos em papiro, no Egito, e uma coleção importante de textos cuneiformes, no Mediterrâneo oriental e, sobretudo, na Mesopotâmia e na Pérsia. No Mediterrâneo ocidental, apesar de a escrita ter sido adotada por diferentes povos,

98 HISTÓRIA ANTIGA

como etruscos, latinos, celtas, iberos e púnicos, os testemunhos escritos são raros.

Uma grande parte da nova documentação é puramente material: casas, cidades, muralhas, templos, esculturas, objetos de uso cotidiano, como recipientes de cerâmica para transporte (as ânforas), vasos cerâmicos decorados, objetos de luxo e utilitários, moedas. A expansão dos vestígios arqueológicos nos permite acessar mais lugares e, acima de tudo, ter uma visão mais global, quase um índice, da expansão das forças produtivas e do acúmulo de trabalho morto nos séculos seguintes.

ESPAÇO E GRANDES PODERES

Houve no vasto período que denominamos de "hegemonias" (séculos V a II a.C.) um grande aumento da complexidade social no Mediterrâneo, o que acarreta um aumento na complexidade da narrativa. As interconexões e as fronteiras que as determinavam começaram a mudar de forma. É importante ressaltar, neste ponto do livro, que os historiadores se beneficiam de uma visão retrospectiva. Eles sabem o que vai acontecer em seguida. Os próprios contemporâneos desse processo, no entanto, não tinham plena consciência dele. A integração nunca foi um projeto consciente, nem seguiu um fim determinado, nem teve uma única causa. Como veremos a seguir, seu percurso dependeu, muitas vezes, de circunstâncias históricas inesperadas ou foi fruto de ações humanas específicas, cujo resultado raramente fora aquele previsto antes.

A característica principal do período das hegemonias foi o surgimento progressivo de grandes centros de poder no e sobre o Mediterrâneo. As interações ao longo do Mediterrâneo e mesmo com o mar Negro e o interior da Europa continuaram se intensificando e se reforçando com o tempo, ou seja, se institucionalizando. A cidade de Corinto, na Grécia continental, permaneceu, por exemplo, como um grande polo nos tráficos mediterrânicos, unindo o mar oriental ao Mediterrâneo ocidental, por meio de uma cadeia de contatos que incluía suas colônias a oeste e muitos assentamentos púnicos.

Atenas também se tornou, entre os séculos VI e V a.C., um dos centros das redes mediterrânicas. Sua cerâmica de luxo, na qual predominavam recipientes para o consumo de vinho – a chamada cerâmica de figuras negras, depois de figuras vermelhas – é encontrada em todo o Mediterrâneo. Sua perfeição artesanal e figurativa tornou-a um objeto de luxo para etruscos e citas, em pontos opostos do Mediterrâneo. Exemplares dessa produção foram descobertos, em grande quantidade, nas sepulturas de suas elites. Nem só de cerâmica viviam os portos de Atenas, que no século V a.C. construiu o grande porto do Pireu, mas essa é a face mais visível de sua posição central na teia do Mediterrânico – posição que logo se converteria em poder.

Foi o conflito entre os grandes centros de poder que reconfigurou as fronteiras do Mediterrâneo. Para narrar esses conflitos e suas consequências, temos que, por um momento, dividir a narrativa entre as duas metades do Mediterrâneo. Isso se deve ao fato de que as extensões de poder sobre o mar e as terras foram, de início, eventos regionais. Como veremos, eles ocorreram mais cedo e mais rapidamente na metade oriental do mar.

UM IMPÉRIO QUE VEIO DO LESTE

O primeiro grande impacto sobre o Mediterrâneo oriental veio de longe, das terras da Mesopotâmia. Sobre os escombros do Império Neoassírio e do subsequente Império Babilônico, erguera-se um poder completamente novo: o Império Persa. Os persas construíram seu domínio sobre a base já instalada dos impérios anteriores, mas conseguiram uma estabilidade e uma extensão territorial únicas. Ao processo de expansão, uniram-se a manutenção das realidades, das crenças e das elites locais. Estenderam uma ampla rede de estradas sobre as áreas conquistadas e as organizaram em regiões (as satrapias) quase autônomas.

É do período persa que data a volta dos judeus do exílio na Babilônia e a reconstrução do templo em Jerusalém. Os mais antigos textos bíblicos foram redigidos, provavelmente, à época da volta do exílio.

100 HISTÓRIA ANTIGA

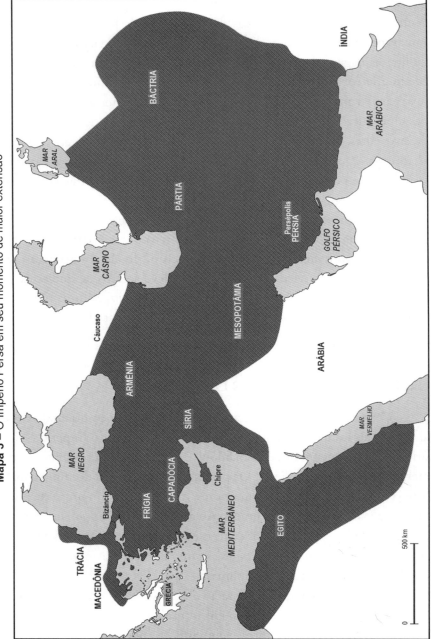

Mapa 3 – O Império Persa em seu momento de maior extensão

HEGEMONIAS *101*

Foi sob os persas, igualmente, que, pela primeira vez, uma potência originada da Mesopotâmia conseguiu controlar as margens orientais do Mediterrâneo e toda a Anatólia. Os persas expandiram seu domínio sobre o Levante, as cidades fenícias, o Egito, o reino da Lídia, no centro da Anatólia e começaram a penetrar no mar Negro e no norte do Mediterrâneo oriental. No Oriente, dominaram o planalto persa, as tribos afegãs e chegaram até a Índia. Criaram uma cultura rica e única, apropriando-se de elementos de todos os povos conquistados. Fundaram uma nova religião, o zoroastrismo, que influenciaria muitos habitantes do Mediterrâneo, como, mais tarde, ocorreria com o maniqueísmo. Os persas mereceriam um capítulo à parte, não fosse pelo recorte adotado neste livro – o Mediterrâneo. Como afirmamos no início, os recortes são necessários para o historiador, mas impõem escolhas. Essa é uma das escolhas difíceis de fazer.

Nas décadas finais do século VI a.C., todas as cidades gregas da costa da Anatólia, como Mileto e Éfeso, encontravam-se sob controle persa. O Império criou uma fronteira inédita às pólis do mar. Não era, contudo, uma barreira: influências culturais, comércio e indivíduos continuaram a circular e, no que se refere ao interior da Mesopotâmia, abriram-se espaços novos para a circulação a partir do Mediterrâneo de soldados, artesãos, mercadores, trabalhadores e viajantes. Por sua extrema riqueza e extensão, por sua estabilidade política e por sua grande originalidade cultural, o Império Persa era um novo polo de atração sobre o Mediterrâneo.

Mas a expansão persa colocou limites à expansão das próprias cidades gregas. O Egito, conquistado, parou de contratar mercenários gregos. O sistema centralizado persa, por outro lado, limitou a capacidade de algumas cidades gregas de estenderem suas rotas e seu poder. Mileto, por exemplo, que havia colonizado o mar Negro, perdeu sua hegemonia na área. E o controle do mar Negro e do estreito que levava a ele, o Bósforo, era vital para o suprimento de trigo, de peles, de escravos e outros bens trocados pelo artesanato das pólis gregas.

O Império Persa, além disso, continuava em expansão em direção às terras da Europa. Dario I invadiu a Trácia, ao norte do Mediterrâneo, e

102 HISTÓRIA ANTIGA

suas tropas atravessaram o Danúbio. O extenso reino da Macedônia, no norte da Grécia, e muitas ilhas do Egeu se submeteram a seu domínio. Os persas também formaram uma marinha poderosa com o auxílio de egípcios, gregos e, sobretudo, fenícios. Com ela, assumiram uma posição de domínio sobre as costas no entorno do Mediterrâneo oriental (assim como fizeram no golfo Pérsico).

GUERRA E COTIDIANO

O conflito em torno do mar Egeu foi intenso por cerca de 50 anos, mas suas consequências se fizeram sentir nos séculos posteriores. Em 499 a.C., as cidades gregas da Anatólia se revoltaram, mas foram derrotadas seis anos depois. Em 490 a.C., um contingente persa invadiu o norte da Ática, desembarcando em Maratona, mas foi vencido pelas tropas atenienses. Dez anos depois, o rei persa Xerxes organizou uma grande expedição contra a Grécia balcânica. Com apoio de sua marinha, de um imenso exército e de muitas cidades gregas, Xerxes chegou a tomar e devastar Atenas, mas foi derrotado em duas batalhas: uma naval, em Salamina, outra terrestre, em Plateia. Os persas perderam, por completo, o domínio do mar, mas não seu império continental. Esparta, com seus hoplitas, e Atenas, com sua marinha de guerra, tiveram um papel crucial nessas vitórias gregas. Nossa principal fonte para essas guerras é o livro *Histórias*, de Heródoto, escrito após muitas viagens ao redor do Oriente mediterrânico. Um dos "pais" da História, é de leitura obrigatória.

É importante ressaltar que, a partir do século V a.C., a guerra tornou-se endêmica no Mediterrâneo. Foram séculos de guerra contínua, com maior ou menor intensidade, ao redor de toda a bacia. O trabalho acumulado nos séculos anteriores tornara possível um adensamento dos contatos, um compartilhamento de informações e estruturas sociais, uma organização dos territórios rurais que propiciava a extensão de redes de poder. Foram os pontos centrais dessas redes que animaram o conflito nos séculos seguintes. Os centros maiores, mais estáveis e polos de contatos, exerciam pressão sobre os menores. Mas o poder não era apenas um fim em si mesmo: junto com ele vinham o prestígio, a estabilidade política interna, o controle de vastas áreas e benefícios concretos, materiais.

ATENAS EXPANDE SUA TEIA

A principal beneficiária da derrota persa foi Atenas. Já no século VI a.C., a cidade ocupava uma posição de proeminência no Mediterrâneo. Após as reformas de Sólon, a cidade fora dominada pela tirania dos psistrádidas, mas manteve uma longa estabilidade política. As reformas de Clístenes, em 507 a.C., deram um grande impulso ao estabelecimento da plena democracia ateniense. Ele eliminou as classes políticas definidas pela riqueza, fixadas por Sólon, rompeu as divisões territoriais que ainda subsistiam na Ática e abriu a participação política a todos os cidadãos atenienses, mesmo os sem propriedades. Após alguns retoques no século V a.C., o sistema político estabilizou-se por dois séculos, garantindo aos cidadãos de Atenas, em conjunto, a participação nas atividades de governo: assembleia, conselho e tribunais judiciários, administração da cidade e comando militar. Os cidadãos recebiam, até mesmo, uma compensação monetária para participarem da vida pública. Péricles foi um dos grandes nomes dessa democracia.

Em Atenas, os cidadãos mais ricos eram obrigados a *liturgias* – ou seja, a aplicar parte de sua riqueza em benefício público, como construir e armar um navio de guerra ou produzir um concurso teatral. Sem esse sistema, não teríamos ainda as tragédias de Ésquilo, Sófocles e Eurípides, ou as impagáveis comédias de Aristófanes. A democracia ateniense admitia mesmo seus críticos. Foi a mais radical desse "mundo antigo", embora fosse, de nosso ponto de vista, excludente: mulheres, estrangeiros e escravos não participavam da política, embora fossem parte ativa da vida social.

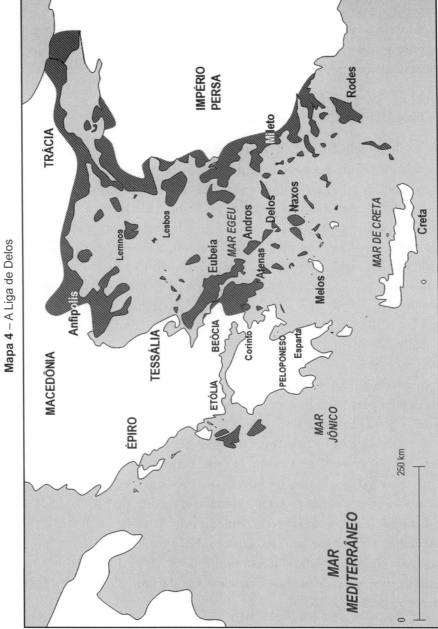

Atenas era uma cidade rica. Já vimos a extensão que atingiu a exportação de sua cerâmica de luxo, que dominou o Mediterrâneo até o século IV d.C., pelo menos. O principal produto agrícola de Atenas era o azeite e a cidade dependia da importação de trigo para alimentar sua imensa população. Mas sua produção artesanal era também muito importante e, no início do século V a.C., descobriram-se minas de prata que viriam a financiar sua marinha de guerra.

Atenas tornou-se um ponto focal nas conexões no Mediterrâneo. Seu grande porto, o Pireu, unido à cidade por grandes muralhas, começou a atrair cada vez mais comerciantes, banqueiros, artesãos, artistas e pensadores de todo o Mediterrâneo. Na região do porto ergueu-se uma, por assim dizer, segunda cidade, moradia de metecos, diretamente ligados à riqueza que vinha do mar. O Pireu foi um dos baluartes da democracia. Os próprios metecos participaram das guerras de Atenas e ajudaram a derrubar um golpe oligárquico em 404 a.C.

A vitória sobre os persas em 479 a.C. foi sucedida pela criação de uma aliança de cidades gregas, a Liga de Delos, sob a liderança de Atenas, para combater a presença persa no Mediterrâneo. Essa Liga foi a base da hegemonia ateniense. Os persas foram expulsos do mar Egeu e das costas da Anatólia. A Liga começou como uma aliança de cidades, mas o poder desproporcional de Atenas logo se fez sentir. Tornou-se impossível sair da aliança sem uma rebelião – e elas foram sempre sufocadas.

Em meados do século, o tesouro da Liga foi transferido do templo de Apolo, na ilha de Delos, para a própria Atenas, que o utilizou para embelezar a cidade e distribuir benefícios a seus cidadãos. Algumas cidades aliadas, após tentarem a secessão, tiveram seu território confiscado e redistribuído para atenienses pobres e ricos, as chamadas clerúquias. Foi o século de Atenas que chamamos de "clássico". O século de Péricles, de Tucídides, dos grandes trágicos, como Ésquilo, Sófocles e Eurípides – foi o século que viu a construção do Parthenon, o grande templo a Atena que ainda domina a acrópole da cidade.

A hegemonia ateniense teve consequências amplas. A expansão de seu poder favoreceu a cunhagem de moedas, a imposição dos padrões monetários e de peso pela Liga, o aumento da escravidão, o fortalecimento do camponês médio, a sobrevivência dos cidadãos mais pobres, através da participação na marinha de guerra, e a transformação de Atenas em centro cultural erudito e em modelo para a Grécia. Atenas abriu suas fronteiras externas para os metecos, mas fechou ainda mais as internas: apenas filhos de pai e mãe ateniense passaram a ser considerados cidadãos plenos, com direitos aos benefícios da hegemonia.

Atenas é considerada o exemplo mais clássico de uma pólis democrática. Por isso, é necessário ressaltar as diferenças entre a democracia moderna e a antiga. Como nas outras pólis, a igualdade dos cidadãos se erguia sobre um amplo fundo de desigualdades. A sociedade ateniense, com seus escravos, estrangeiros, metecos e mulheres, sempre foi mais ampla do que a própria pólis, na definição dos antigos. Para estes, como Aristóteles, a pólis era apenas a comunidade dos cidadãos – os ativos, que participavam da política, e os passivos, que tinham direitos sociais e econômicos semelhantes, mas não os políticos. A população de uma cidade antiga, no entanto, sempre foi mais ampla. E no caso de Atenas, muito mais.

GUERRAS DA INTEGRAÇÃO: ATENAS x ESPARTA

As consequências da hegemonia ateniense não foram apenas internas. Atenas foi um regime democrático estável e expansionista e favoreceu a instauração de regimes democráticos nas regiões sob seu controle. Muitas cidades oligárquicas, por outro lado, faziam parte da aliança de Esparta, a Liga do Peloponeso. A guerra entre essas duas alianças sacudiu o Mediterrâneo oriental na segunda metade do século V a.C. Foi a chamada Guerra do Peloponeso, tema de um dos maiores historiadores do mundo antigo: Tucídides, o ateniense.

Como Heródoto, Tucídides é leitura obrigatória para qualquer historiador. Através dele podemos ter uma noção do que significava a democracia em Atenas. No discurso que atribui a Péricles, como homenagem aos atenienses mortos em batalha, faz o general dizer que as leis da cidade concediam uma justiça equânime para todos, apesar de suas diferenças. Se um homem era capaz de servir à pólis, não era impedido por sua condição obscura. Dizia ainda Péricles, no relato de Tucídides, que a liberdade que se gozava na vida pública estendia-se para a vida privada. A justiça era igual para todos sob a lei e os estrangeiros tampouco eram excluídos da possibilidade de viver e aprender em Atenas.

A Guerra do Peloponeso foi uma complexa luta pelo poder. Um dos panos de fundo da guerra foi a disputa entre duas grandes cidades portuárias, Corinto e Atenas, com interesses em ambos os lados do Mediterrâneo. Outro foram os conflitos internos dentro de várias outras cidades que a guerra atiçou de maneira extrema. Ricos e pobres, nas pólis menores e mais comuns, podiam tentar resolver suas diferenças apelando para um poder externo. Como afirma Tucídides, que foi contemporâneo aos eventos, a disputa interna, que começara na ilha de Córcira, foi a primeira entre ricos e pobres e por isso pareceu por demais sangrenta. Depois, estendeu-se por toda a Grécia. Por toda a parte, "os primeiros do povo (*demos*)" de cada pólis chamavam os atenienses para lutar ao seu lado e "os poucos (os oligarcas)" chamavam os lacedemônios. Na paz não tinham nem pretexto nem disposição para chamá-los. Na guerra, pela possibilidade de ferir os adversários, era mais fácil trazê-los para os que queriam mudanças. E segue Tucídides: os sofrimentos que a disputa trouxe para as cidades foram muitos e terríveis, como os que ocorreram e ocorrerão enquanto a natureza do homem for a mesma, embora mais severos ou mais suaves e com sintomas distintos, dependendo da variedade de cada caso.

Mesmo entre populações dominadas e não cidadãs, como no caso peculiar de Esparta, o século v a.C. conheceu grandes revoltas. A presença agressiva dos hilotas subjugados, sobretudo na Messênia, impedia o exército espartano de afastar-se muito do Peloponeso. Como os messênios não eram escravos isolados, mas comunidades inteiras dominadas, seu poder coletivo de rebelião era muito grande. Foi o caso da grande revolta de 464 a.C., que se sucedeu a um terremoto e para cuja supressão os espartanos contaram com o auxílio de várias outras cidades.

108 HISTÓRIA ANTIGA

O poder de expansão militar espartano foi sempre limitado pela presença deste "inimigo interno". Já da perspectiva do Império Persa, a guerra entre atenienses e peloponésios foi a princípio um distúrbio na sua periferia ocidental. Os persas auxiliaram tanto atenienses quanto espartanos, injetando no Mediterrâneo suas moedas de ouro: os dáricos. Não é possível entender a história das cidades gregas nos séculos V e IV a.C. sem considerar a potência persa. Ela permanecia hegemônica.

Por algumas vezes, a guerra extrapolou o âmbito do Mediterrâneo oriental. Em 415 a.C., Atenas montou uma grande expedição contra Siracusa, então uma das maiores cidades do mar ocidental. A ideia de transferir a guerra para o oeste dividiu a cidadania ateniense e foi objeto de longos debates na assembleia. A decisão final, favorável, mostra como as rotas e as alianças entre as duas metades do Mediterrâneo também eram um dos elementos da disputa entre hegemonias. Mas a expedição foi um fracasso total. Não havia ainda uma força capaz de dominar as costas do Mediterrâneo como um todo.

Apesar de seu caráter destrutivo, devemos considerar a guerra e, de modo mais geral, a competição entre as cidades, um fator acelerador da integração mediterrânica. Não apenas porque promovia alianças entre lugares distantes, mas também porque intensificava a competição dos combatentes por maiores recursos, por mais eficiência produtiva e comercial e por melhores tecnologias. Atenas, por exemplo, se tornou um polo comercial, artístico e intelectual. Consolidou sua democracia, reformou a gerência do Estado e se tornou estável por mais de dois séculos. É um bom momento para ressaltar que os processos de integração não são positivos em si mesmos. Muitas vezes se constroem sobre a dor e a exploração de seres humanos e comunidades inteiras.

A derrota final de Atenas em 404 a.C. não foi o fim da cidade, nem dos conflitos no Mediterrâneo oriental. Atenas permaneceu como uma cidade democrática e fortaleceu as instituições do Estado por meio de diversas reformas. O orador e professor Isócrates, em seu Panegírico 50, apresenta Atenas como a escola da Grécia. "Nossa cidade", diz ele, "ultrapassou tanto os outros homens em sabedoria e poder de expressão que seus alunos se tornaram os professores do mundo." Segundo Isócrates, a própria denominação "grego" deixara de marcar uma origem étnica, para assinalar uma forma de educação. Os bem-educados, de qualquer origem, podiam ser considerados gregos. Essa concepção teria grande importância no futuro da região.

UM NOVO MUNDO SE EXPANDE: HEGEMONIAS NO LESTE E NO OESTE

O século IV a.C. conheceu sucessivas hegemonias entre os gregos – de Esparta e de Tebas – e a continuidade da influência do ouro persa. Não houve uma diminuição drástica dos contatos externos, mas os conflitos internos se tornaram mais agudos. Essa tendência deveu-se a múltiplos fatores, como a gradual monetização da economia e o fim dos sistemas políticos democráticos, que garantiam uma melhor redistribuição de renda nas comunidades. Como durante a Guerra do Peloponeso, os pobres ainda precisavam de terra e do perdão das dívidas – ou da possibilidade de se empregar como piratas ou mercenários. A instabilidade interna foi a marca das cidades gregas no século IV a.C. Mão de obra farta para aventuras não faltava, desde que pudesse ser organizada.

As pólis do Mediterrâneo oriental não dispunham desse poder de organização, pois estavam centradas na separação entre cidadãos e estrangeiros e se viam confrontadas com sua própria pequenez territorial. Sem o domínio absoluto do mar, suas forças territoriais eram escassas. Mesmo Esparta, no auge do seu poderio militar, não conseguia pôr em campo mais de 10 mil cidadãos hoplitas. Já o metal cunhado, fosse ouro ou prata, permitia arregimentar exércitos muito maiores, mas de mercenários, não de cidadãos.

Quando os historiadores mencionam a crise da pólis no século IV a.C., tem em mente esses dois fatores: suas lutas internas e a impossibilidade de qualquer pólis concreta estabelecer uma hegemonia durável. Esta viria, na segunda metade do século, de outro tipo de poder territorial: o grande reino da Macedônia, que incluía cidades, territórios agrícolas, camponeses dependentes e uma ampla gama de recursos humanos e materiais, sobretudo ouro.

A expansão do reino da Macedônia, de Felipe II a Alexandre, o futuro conquistador da Pérsia, representou um novo caminho na integração da bacia oriental do Mediterrâneo. Embora pudesse parecer mais primitivo politicamente que o mundo das pólis, representou, na verdade, um avanço sobre elas, circunscritas por seus territórios limitados. Um rei legítimo, dominando vastas áreas heterogêneas, podia agregar exércitos muito maiores. Podia, assim, quebrar a antiga relação entre força militar e cidadania. Podia impor-se às cidades, apesar e, às vezes, por causa mesmo de suas diferenças internas.

Foi por meio da força militar macedônica que a Grécia continental se submeteu a Felipe e que, em seguida, a antiga Pérsia, sacudida por dissensões internas, foi derrotada, nas campanhas de Alexandre, entre 334 e 323 a.C. Pelos dois séculos seguintes, o Mediterrâneo oriental, desta vez estendendo-se até os confins da Índia, seria um mundo de reinos. As fontes literárias contemporâneas quase não sobreviveram na tradição escrita. Como veremos, muito depende de fontes bem posteriores e de inscrições. Para acompanharmos as transformações que se sucederam, devemos olhar, por um instante, para o outro lado do Mediterrâneo.

HEGEMONIAS OCIDENTAIS

Para o Mediterrâneo ocidental, nossas fontes literárias principais são Políbio, que escreveu suas histórias no século II a.C., Diodoro da Sicília, que resumiu vários historiadores à época de Augusto, trabalhando na grande biblioteca de Alexandria, e o grande historiador latino Tito Lívio, que redigiu sua imensa *História de Roma* no final do século I a.C. Muito do que podemos afirmar, além disso, depende de fontes materiais, isto é, do trabalho dos arqueólogos. Aqui, o desenvolvimento da pólis e sua interação com os territórios não "políticos" conduziu a uma realidade histórica bastante diferente.

O processo de centralização, ou seja, de criação de nódulos nas redes, também parece evidente a partir do século V a.C. Cidades como

Cartago no norte da África, de origem fenícia, mas agora independente, ou Siracusa na Sicília e Tarento no sul da Itália, tornaram-se polos de conexões comerciais, políticas e culturais e disputaram a dominação sobre o mar e suas terras. Siracusa, em particular, nos é conhecida pelo brilho de sua cultura (o célebre filósofo ateniense Platão a visitou), por suas mudanças na forma de governo (tirania, democracia e reinado) e por sua política expansionista contra Cartago e o sul da Itália.

Siracusa estava plenamente integrada aos tráficos mediterrânicos, não apenas aos comerciais. Após a derrota da esquadra ateniense que tentou conquistá-la, a cidade enviou parte de sua armada, em diferentes ocasiões, para auxiliar a frota espartana. É significativo o fato de que os atenienses escravizados em 415 a.C. podiam ganhar sua liberdade se soubessem declamar bem as tragédias de Eurípides. A integração cultural continuava a despeito das guerras. A expansão do teatro pelo Mediterrâneo ocidental é um dos elementos notáveis dos séculos IV e III a.C. Com o passar dos séculos, o espaço do teatro se tornaria um dos denominadores comuns de todas as cidades. Os vários projetos expansionistas de Siracusa parecem ter esbarrado em um problema central: a escassez de recursos humanos entre seus cidadãos e a consequente dependência de soldados estrangeiros, contratados como mercenários. Um problema semelhante afetaria a existência de Cartago.

Cartago, após o declínio de Tiro, na Fenícia, permaneceu como o poder dominante no Ocidente mediterrânico até o século III a.C. Não temos muitas fontes escritas para traçar a história da cidade, mas esta se organizava, sem dúvida, como uma pólis, com uma forte identidade religiosa, marcada, entre outros elementos, pelo que chamamos de *tophet*: um lugar sagrado, de sacrifício, onde se ofereciam aos deuses os bebês recémnascidos de uma geração.

De início, uma monarquia, como sua cidade-mãe, Cartago tornou-se uma oligarquia e, provavelmente, já no século III a.C., uma democracia. A Arqueologia nos mostra os cartagineses controlando, através de cidades e *emporia*, a maioria dos pontos de tráfego da região: desde o oeste da Sicília até a Córsega, desde a costa da Itália até a península

112 HISTÓRIA ANTIGA

ibérica. Os cartagineses eram, acima de tudo, comerciantes, e parecem ter centrado sua atenção na mineração e na produção de peixes em conserva. Mas seus navegadores eram polivalentes e aparecem em todo o Mediterrâneo ocidental – e mesmo além.

No norte da África, Cartago fundou várias cidades e, com o tempo, ocupou as férteis terras agrícolas do interior, submetendo a população local e garantindo um grande suprimento de trigo. Cartago tornou-se uma cidade muito rica, mesmo que sua influência cultural pareça menor que a de outras grandes cidades, como Atenas. Mas essa percepção se deve ao fato de que a tradição literária e o artesanato de luxo continuaram a provir do Oriente.

No Ocidente, a luta pela hegemonia acabou por centrar-se na disputa entre duas cidades: Cartago e Roma. Para entendermos essa polarização, é necessário que nos voltemos para os desenvolvimentos na península itálica. Foram eles que determinaram, na longa duração, os rumos assumidos pelo processo de integração no Mediterrâneo como um todo.

A ITÁLIA E ROMA: RUMO À UNIFICAÇÃO

A Itália constituía um mundo à parte. Estendida no centro do Mediterrâneo, era habitada por povos distintos, com identidades étnicas amplas, abrangendo grandes regiões: etruscos, umbros, latinos, campanos, samnitas, messápios, lucanos, entre outros. Em geral associadas a um culto comum, centralizado em um santuário, essas identidades atuavam como forças de ação coletiva. Elas se criaram e se transformaram ao longo do tempo, tanto por mecanismos internos, quanto pela influência externa: pelo comércio, pela troca de ideias e de pessoas e pela guerra.

Nossas informações textuais sobre a história da Itália são limitadas, pois a historiografia antiga sobrevivente se concentra em apenas uma cidade: Roma. É a Arqueologia que tem permitido conhecer melhor o desenvolvimento do mosaico italiano.

Como vimos, partes da Itália foram incluídas e fortemente influenciadas pelos tráficos mediterrânicos desde o século VIII a.C. O impacto e

HEGEMONIAS   *113*

a reação a eles foram diferentes ao longo da península. No sul, os gregos estabeleceram colônias de ocupação, geralmente em lugares com bons portos. A colônia mais setentrional foi Nápoles, no golfo que leva seu nome até hoje. É o conjunto dessas cidades que chamamos de Magna Grécia.

Fragmentos de autores antigos e fontes arqueológicas nos mostram que eram cidades florescentes. Algumas, como Síbaris e Tarento, tornaram-se sinônimos de luxo. Foi na Magna Grécia, igualmente, que surgiu um dos mais antigos movimentos filosóficos e religiosos gregos: o pitagorismo, fundado por Pitágoras de Samos. Outras seitas difundidas na Magna Grécia foram o orfismo e o dionisismo.

A região sempre foi marcada pelas disputas entre as cidades – Síbaris, por exemplo, foi completamente destruída por sua rival, Crotona – e pelos conflitos com os habitantes das regiões adjacentes, como messápios, lucanos e daúnios pelo controle de territórios. Mas foi também um lugar de trocas culturais e tecnológicas, de comércio e de exploração de mão de obra. Na Magna Grécia, os vínculos com o Mediterrâneo oriental sempre permaneceram fortes. Dois exemplos: Platão foi influenciado pelo pitagorismo; exércitos vindos do Oriente, como o de Pirro, foram usados por Tarento em sua luta contra os itálicos e contra Roma.

Uma região particular da Itália foi a Etrúria, no centro-oeste da Itália. Foi a primeira a organizar-se em pólis e a abrir-se confiantemente para influências externas, tanto gregas como fenícias e, depois, púnicas. No século VI a.C., o artesanato etrusco, em cerâmica e bronze, começou a aparecer em todo o Mediterrâneo ocidental e até mesmo no centro da Europa. Eram cidades, aparentemente, dominadas por uma aristocracia guerreira, organizada em famílias fechadas – o principal testemunho são suas grandes sepulturas, algumas com objetos de luxo extremado. A população agrícola era, provavelmente, subordinada aos aristocratas, que formavam bandos guerreiros com seus seguidores.

Os etruscos colonizaram ou influenciaram uma vasta região da costa do mar ocidental da Itália, chamada de mar tirrênico. Algumas de suas fundações, como a cidade de Marzabotto, foram planejadas minuciosamente, seguindo um plano ortogonal influenciado, muito provavelmente,

114 HISTÓRIA ANTIGA

pelo mundo colonial grego ou pelo Oriente. Foram também grandes engenheiros, construindo amplos túneis subterrâneos para a drenagem das planícies. Roma foi, por certo tempo, uma cidade etrusca, até a queda dos reis. A influência etrusca pode ser sentida até o sul da Campânia, em Pompeia, mas parece ter declinado no século V a.C.

Os etruscos e os latinos nos permitem redimensionar a palavra periferia, quando tratamos do Mediterrâneo antigo. Não se trata, na maioria dos casos, de um espaço explorado por um centro, mas de lugares que acolhem uma série de novidades, religiosas, técnicas, institucionais e culturais, para remodelar suas próprias comunidades. Nesse sentido, houve também múltiplos centros difusores no Mediterrâneo. As próprias cidades gregas, como vimos, podem ser pensadas, por dois séculos, como a periferia do mundo persa.

A região da Campânia mostra como essas influências se cruzaram: colonizada por gregos e etruscos, assumiu, a partir do século IV a.C., uma identidade e uma língua próprias, o osco, derivado das altas montanhas dos Apeninos. Não é necessário pensar em uma invasão maciça ou em migração populacional, embora seja possível. É mais simples observar o processo como uma fusão de comunidades diferentes por meio de lentas migrações para as pólis a partir do interior, já que a Arqueologia não nos revela traços de destruição.

As populações das montanhas dos Apeninos mantiveram por séculos identidades e formas de organização próprias, mais fluidas que as das pólis costeiras. Isso não significa que se mantiveram isoladas, mas que suas aristocracias guerreiras conseguiram evitar os controles e as fronteiras de uma pólis, sem perder seu vigor guerreiro. Foi o caso, em particular, dos samnitas, que mantiveram uma organização "étnica", centralizada em grandes santuários, como o de Pietrabbondante.

Outra região particular foi o vale do rio Pó, no norte da Itália. Zona de antigos contatos com o Oriente grego, o vale foi invadido por populações celtas no final do século V a.C. que se tornaram uma ameaça constante para as populações ao sul. Foram, com certeza, um fator de instabilidade para as comunidades assentadas em fronteiras mais demarcadas. Também contribuíram fortemente para o declínio dos etruscos, mas acabaram, na Itália, por assentar-se no vale do Pó, participando dos fluxos de objetos e valores culturais, até serem conquistados e, finalmente, transformados em cidadãos romanos.

Roma e os latinos representam um caso especial. Entre os séculos VI e V a.C., seu desenvolvimento foi muito semelhante ao dos etruscos: urbanização, elites aristocráticas e guerreiras dominando uma população camponesa dependente e grande abertura a influências externas. A partir do século V a.C., Roma e o Lácio se fecharam progressivamente: primeiro como cidades e cidadanias distintas, depois como uma ampla aliança que compartilhava deveres e direitos, como o matrimônio e o comércio.

O rearranjo das fronteiras internas em Roma e no Lácio não se fez pacificamente. A aristocracia dos patrícios, que parece ter assumido o poder após a queda dos reis, negava aos plebeus direitos religiosos, matrimoniais e políticos. Sua base de apoio, além do brilho do nascimento e do apoio do clã familiar, eram os chamados clientes: uma relação que as fontes não permitem definir melhor. Não se conhece a origem dessa divisão entre patrícios e plebeus, mas ela se assemelha a outras aristocracias de nascimento que conhecemos no Mediterrâneo. A aristocracia romana dos patrícios, que se pretendia exclusiva em termos políticos, religiosos e de posse da terra comum, foi intensamente contestada ao longo do século V a.C., como já vimos, e com sucesso.

Embora nossas fontes principais – o historiador latino Tito Lívio e Dioniso de Halicarnasso, que escreveram quase quatro séculos mais tarde – não sejam totalmente confiáveis, ao longo do século quarto, após a invasão gaulesa que derrotou e saqueou a cidade de Roma, as duas metades da cidade, patrícios e plebeus, se uniram numa cidade comum. A hegemonia romana sobre o Lácio tampouco se fez sem conflitos, mas terminou em uma sólida aliança e numa progressiva extensão dos direitos de cidadania.

Os próprios autores antigos já apontavam para a flexibilidade das fronteiras romanas com relação à cidadania como uma das razões da expansão de sua hegemonia pela Itália. De qualquer maneira, a aceitação dessa hegemonia não se deu sem grandes embates. As ameaças de gauleses

116 HISTÓRIA ANTIGA

e de povos da montanha auxiliaram muito na extensão do poder romano sobre a Campânia e a Etrúria, que necessitavam de apoio externo. Muitas cidades, como vimos, foram forçadas a entrar na aliança e cederam parte de seus territórios. Foi nesses territórios que ocorreu um intenso processo de colonização interna na península, com a criação de cerca de dezenas de novas cidades de direito romano ou latino.

A maior oposição à hegemonia romana veio das tribos samnitas dos Apeninos meridionais e de Tarento, na Magna Grécia. As guerras foram constantes na segunda metade do século quarto. No início do século III a.C., Roma e seus aliados tiveram mesmo que enfrentar um potentado do mediterrâneo oriental: Pirro, rei do Épiro, contratado por Tarento. Foi a primeira vez que soldados itálicos viram elefantes de guerra. Pirro venceu várias batalhas, mas foi derrotado pela quantidade de soldados que a aliança itálica conseguia colocar em campo a cada disputa. Sua impossibilidade de vencer, sem ter sido vencido no campo de guerra, deu origem à expressão "vitória de Pirro" – uma vitória inútil.

Após 270 a.C. e a grande Batalha de Sepino, contra etruscos, celtas e samnitas, Roma e seus aliados dominaram toda a península, com exceção do vale do rio Pó. A ênfase que damos à longa duração não permite que nos atenhamos a detalhes. Mas foram séculos de luta, de alianças entre oligarquias, de conflitos entre ricos e pobres, de transformação institucional, de unificação cultural e de grandes e pequenos feitos. Embora as diferentes localidades guardassem sua identidade, foi uma época revolucionária em termos da capacidade de sua ação comum, sobretudo na construção de um grande poderio militar e na criação de um espaço cultural compartilhado. Foi também uma época de inovação das estruturas de integração. Uma série de estradas começou a ser construída unindo, aos poucos, todos os centros da Itália. Eram caminhos para o exército, mas eram também vias públicas. O latim tornou-se, pouco a pouco, a língua oficial da comunicação entre os itálicos. Muitas inscrições públicas passaram a ser bilíngues ou redigidas em latim.

A unidade da Itália manteve-se sólida por séculos e resistiu a duas guerras contra Cartago. A segunda, conduzida pelo cartaginês Aníbal,

HEGEMONIAS 117

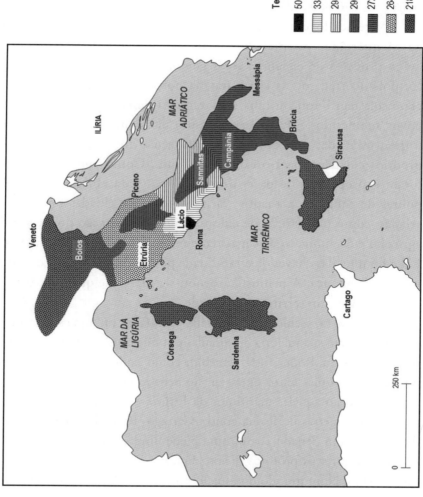

Mapa 5 – A expansão romana na Itália

118 HISTÓRIA ANTIGA

deu-se no próprio coração da península, que o general cartaginês invadiu em 217 a.C., com a esperança de que a coalização se rompesse. Mas isso não ocorreu, com poucas exceções. Cabe perguntar: por quê? A explicação tem a ver com o modo como ocorreu a união da Itália. Apesar das guerras, as cidades não foram destruídas ou submetidas a um império explorador. Muitas eram colônias romanas ou latinas, outras tinham tratados de aliança com Roma, todas participavam dos esforços de guerra e das conquistas, sem perder sua unidade como pólis. Além disso, a união favorecia a integração das elites de cada cidade com Roma.

Veremos logo a seguir como se deu a extensão do poder itálico no Mediterrâneo oriental, por meio da conquista de seus reinos. O longo processo de expansão da hegemonia romana na Itália foi único, pois ocorreu sob as estruturas da pólis. A hegemonia romana na península não implicou uma exploração sistemática das cidades e dos povos submetidos. Muitos receberam a cidadania romana, a maioria tornou-se aliada, sem outra obrigação senão fornecer soldados, seus próprios cidadãos, para o exército comum. Como vimos, se algumas foram expropriadas de parte de suas terras, para abrigar os cidadãos pobres de romanos e aliados, várias dezenas de cidades novas foram criadas, como um esforço de colonização e organização dos territórios agrícolas e de aumento da capacidade militar. A colonização interna da Itália foi uma das chaves da estabilidade política das cidades e do futuro sucesso da aliança. A península tornou-se, mais que qualquer terra do Mediterrâneo, um território de cidades.

No final do século III a.C., a Itália possuía, assim, uma sólida aliança de cidades – em sua maioria dominadas por oligarquias – sem que a hegemonia do centro, Roma, fosse percebida como exploradora. Muitos membros das oligarquias locais entraram no Senado de Roma. E os interesses regionais, como aqueles marítimos da Etrúria e da Campânia, estiveram por trás das guerras de Roma contra Cartago. Roma oferecia um centro de decisões: um Senado coeso, uma plebe unida, um médio campesinato armado por seus próprios meios, dignificado socialmente e altamente disciplinado. Num mundo dominado por mercenários pagos com prata e ouro, a Itália se destacava pela abundância de homens e por seu exército de cidadãos – muito mais fiel, determinado e barato.

Para entendermos a ascensão de Roma e da Itália à conquista do Mediterrâneo, devemos voltar, nas páginas seguintes, ao que ocorria no Mediterrâneo oriental. Veremos que, aos poucos, os fatos históricos convergiram para uma única narrativa, que o historiador grego Políbio, contemporâneo dos eventos, descreveu com uma *symploke* – um entrelaçamento.

MEDITERRÂNEO ORIENTAL: TERRA DE REINOS

Como vimos nas páginas anteriores, o reino da Macedônia, sob Felipe II, conseguira a hegemonia sobre a Grécia. A própria Macedônia não se mantivera alheia aos tráficos do Mediterrâneo oriental. Após ser ocupada por Xerxes, conduzira uma política expansionista nas costas setentrionais do mar e unira suas terras altas e baixas, compreendendo muitas pólis e territórios locais. A Macedônia possuía abundantes recursos humanos e metais preciosos – sobretudo ouro –, e a unificação do reino permitiu organizar todos esses recursos em ações concretas. A sociedade era bastante aristocrática e guerreira e um grupo seleto próximo aos reis – os macedônicos – exercia grande influência no poder e na dominação dos camponeses.

Não se tratava, assim, de uma área atrasada, mas organizada de modo distinto das pólis. Em termos militares, introduziu duas inovações: o uso maciço da cavalaria e um tipo de formação militar conhecido como falange, composto de batalhões de soldados com lanças de diferentes tamanhos. Algumas eram extremamente longas e formavam uma barreira de pontas aguçadas contra os contingentes adversários. A Macedônia, além disso, era uma terra de cavalos e possuía uma excelente cavalaria.

Por meio de alianças e batalhas, o rei Felipe obteve a hegemonia sobre a Grécia central na batalha de Queroneia, em 338 a.C. Seu filho, Alexandre, chamado O Grande, levou adiante os planos do pai e de muitos gregos de invadir o Império Persa. As campanhas de Alexandre formam um capítulo especial da História. Por que o imenso Império Persa foi derrotado? As conquistas de Alexandre foram determinadas pela qualidade de seu exército? Pela fraqueza momentânea dos persas? Pelo brilhantismo dos generais macedônicos e gregos ou pelo acaso das grandes batalhas?

Todos esses fatores juntos e nenhum deles em particular. Deixamos a resposta para a reflexão do leitor. Aqui ressaltamos as consequências da conquista. Por alguns séculos, a Mesopotâmia, o interior da Pérsia e mesmo o oeste da Índia viram-se implicados em fluxos políticos, comerciais e culturais mediterrânicos. Foi um breve momento de abertura, que não se repetiria nos séculos seguintes.

A unidade da conquista não sobreviveu à morte de Alexandre, em 323 a.C. Seu Império foi dividido entre seus generais (os sucessores) que ocuparam, respectivamente, o Egito, a Ásia e a Macedônia e, por fim, em quatro reinos: antigônidas na Grécia, atálidas na Anatólia, selêucidas no Levante e na Ásia interior, e ptolomeus no Egito. Seus reinos eram monarquias territoriais e militares, baseadas no poder dos macedônios no exército, que formaram a nova elite. A terra era considerada propriedade dos reis, "conquistada pela lança" e cedida a indivíduos, templos, grupos e cidades por vontade real.

Políbio, o principal historiador do período, ao relatar as conquistas de Antioco na Anatólia, afirma que ele submeteu não apenas as satrapias (antigas províncias persas), mas também as cidades costeiras e todos os poderosos a ocidente do Tauro. Assegurou seu reinado intimidando seus súditos com sua ousadia e esforço. E foi assim, continua Políbio, por essa expedição, que o julgaram digno da realeza – não apenas os habitantes da Ásia, mas também os da Europa. A legitimidade do poder baseava-se, assim, na força militar e no poder de conquista.

A cunhagem de ouro e de prata se expandiu de início para pagar esses novos mercenários, aos quais se juntavam muitos outros, de todas as parte do Mediterrâneo oriental, alguns deles piratas. A guerra se tornou uma atividade profissional e paga. Foi uma época de guerras incessantes, de conquistas territoriais passageiras, mas também da criação de novas estruturas de poder sobre vastas extensões de território.

Os novos reinos se estendiam sobre áreas muito distintas. A principal atuação dos reis, além da guerra, era a cobrança de tributos, para

HEGEMONIAS *121*

a manutenção da corte e dos exércitos. Mas sua base territorial incluía territórios organizados por tribos, por aldeias, por formações étnicas, por territórios de templos – como Jerusalém – e por cidades. Alguns contavam com uma burocracia poderosa, herdada do antigo exército persa, como os selêucidas e, sobretudo, os ptolomeus do Egito. A difusão das cidades, macedônias e gregas, foi um dos principais mecanismos de controle territorial. A época dos sucessores conheceu um verdadeiro florescimento das cidades no Mediterrâneo oriental. Mas apenas no Egito podemos afirmar que esse poder criou e manteve um centro territorial, numa pólis muito específica, Alexandria. O centro do poder tendia a se desterritorializar, para centrar-se na corte real.

A historiografia mais antiga ressaltava que houve, após as conquistas de Alexandre, uma verdadeira helenização do Oriente. Esse termo, no entanto, deve ser empregado com cuidado. A maior parte das regiões conquistadas manteve sua língua e cultural local, integrando-se ao mundo dos conquistadores. O Egito, por exemplo, ao sul de Alexandria, continuou sendo uma terra de camponeses e de seus templos. A própria burocracia dos ptolomeus acabou por assimilar as velhas formas de organização do vale do Nilo. O mesmo pode ser dito do vasto reino dos selêucidas, que na origem se estendia até a Índia. O que chamamos de helenismo diz respeito, sobretudo, à expansão da cultura grega entre as elites citadinas. Nas artes, na religião e nos costumes, é mais correto falar de intensificação das trocas culturais e da criação de uma cultura nova, com elementos provindos de todas as partes. Muitos arqueólogos e historiadores se referem a esse processo, hoje em dia, como uma "hibridização" cultural.

Essa época corresponde, igualmente, a uma mudança profunda nas estruturas internas das pólis. Submetidas a um poder mais extenso, as disputas internas de cada cidade perdiam sua força – as oligarquias tendiam a ser o regime dominante e disputavam a preferência e a benesse dos reis mais poderosos e mais próximos. Internamente, as elites assumiram um papel de proeminência, como mediadoras das relações com os reis. Os cidadãos pobres perderam, no âmbito político ampliado pelas redes, sua capacidade de reivindicação direta. Podiam apenas esperar, ou cobrar, favores dos mais ricos. As liturgias, tão presentes na Atenas democrática, tenderam a desaparecer.

A documentação epigráfica, através de inscrições honoríficas aos benfeitores, mostra isso com clareza. O bem-estar de uma cidade passou a ser simbolizado pela presença de personagens poderosos, ou de funcionários reais, capazes de trazer benefícios às cidades. Trata-se do que os historiadores denominam evergetismo e que viria a ter uma longa história no Mediterrâneo. Os próprios monarcas helenísticos apresentavam-se como evergetas (benfeitores) das cidades dominadas. Como Antioco III, numa inscrição em Teos, que afirma que, tendo em vista o aumento das coisas da cidade, ele próprio devia receber o título não apenas de evergeta do povo, mas também de seu salvador.

Ao mesmo tempo, expandiu-se o uso do grego como língua franca e de elite por toda a bacia do Mediterrâneo, e hábitos propriamente gregos, como o teatro, o ginásio, os esportes atléticos e os templos de influência grega se espalharam pelo mar oriental – muitas vezes reinterpretados pelas populações locais. Esse é um fator essencial: ser grego deixou de ser uma identidade étnica para tornar-se uma identidade cultural, símbolo do poder e da distinção das elites. O papel da educação e do livro tornaram-se mais importantes do que nunca.

Nas cidades helenísticas do Oriente, ao que parece, a antiga associação entre pertencimento à pólis, participação na cidadania e no exército e posse de terras se esvaziou. Os proprietários urbanos, helenizados, passaram a viver da renda produzida pelos habitantes rurais – camponeses que não mais eram cidadãos, mas viviam em aldeias dominadas pela pólis. A integração pela força não apenas formou novas classes dominantes – novas elites –, mas também retirou o poder de pressão do *demos* – da população em geral. O resultado foi uma progressiva concentração de renda e uma verdadeira explosão no consumo de luxo.

Alguns novos polos surgiram no Mediterrâneo. Pérgamo, capital dos atálidas na Anatólia, e a ilha de Rodes assumiram funções comerciais e militares importantes no Egeu. No vale do Nilo, a fundação de Alexandria como pólis grega abriu o interior do Egito para os fluxos mediterrânicos de

HEGEMONIAS 123

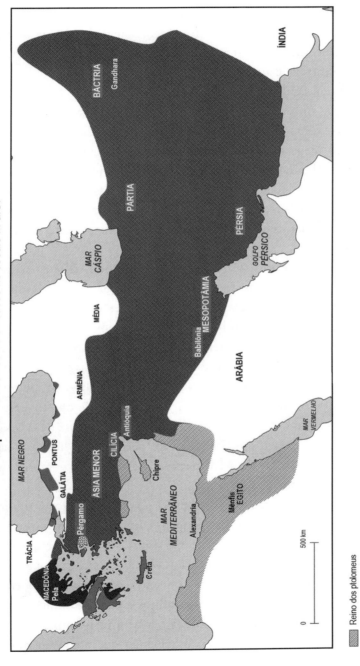

Mapa 6 – Os reinos helenísticos no século III a.C.

uma forma decisiva. Alexandria se tornaria, por séculos, uma das grandes capitais econômicas e culturais do Mediterrâneo. Planejada por Alexandre, reformada por seus sucessores, tornou-se a porta de saída do Egito e um grande centro comercial e artesanal.

Com a fundação de sua grande e famosa Biblioteca e do Museu, Alexandria concorria com Atenas e Pérgamo pela posição de escola da Grécia. A cultura havia se tornado não apenas um elemento da vida cotidiana, mas também, elevada à sua feição mais erudita, um instrumento de poder e prestígio. Foi em Alexandria, por exemplo, que a bíblia judaica foi traduzida para o grego. Foi lá, igualmente, que se defiram os clássicos da literatura grega, que surgiu o saber enciclopédico livresco, que se aperfeiçoaram a astronomia, a matemática e onde novas invenções foram criadas, como a máquina a vapor.

Nossas fontes escritas sobre o chamado período helenístico são restritas, embora haja dezenas de inscrições comemorativas: de cidades a seus concidadãos mais ilustres, de reis a cidades e vice-versa e das próprias cidades entre si. Alguns historiadores referem-se a esse período como uma anarquia, por suas guerras incessantes, mas a Arqueologia mostra que foi, igualmente, um período de expansão: nas trocas monetárias, no comércio de bens agrícolas – sobretudo vinho –, na racionalização da exploração da terra, na produção artesanal de objetos feitos em série, na expansão do luxo privado, para os mais ricos, e na difusão de hábitos comuns, para todos. No final do período das hegemonias, com efeito, todas as costas do Mediterrâneo se assemelhavam em sua cultura e seus consumos.

Esse período foi marcado, igualmente, por transformações significativas, tanto nas grandes como nas pequenas artes. Desenvolveu-se um gosto por representações mais dinâmicas e realistas e a arquitetura monumental pública foi progressivamente imitada nos espaços privados dos mais ricos – um exemplo da crescente concentração de renda nas elites das cidades gregas. Por outro lado, se os conflitos sociais não se apagaram, agora eles se dispunham num quadro de poder bem mais amplo, fora do âmbito de resolução de cada cidade. As rebeliões que afetavam muitas cidades eram tratadas assim mesmo – não como assuntos internos – mas como revoltas contra uma ordem superior.

Deve-se ressaltar, por fim, que os reinos helenísticos não intervieram na organização da propriedade privada nas cidades sob seu domínio. O poder da lança lhes permitia taxar e criar impostos sobre os recursos de cada cidade ou região, mas as pólis mantiveram sua autonomia como garantidoras da propriedade em seus territórios. As taxas sobre a propriedade territorial de templos isolados ou de grandes territórios foram, certamente, afetadas, mas a maioria das cidades gregas do Oriente viu mesmo suas propriedades aumentarem, com a atribuição de vilarejos e aldeias de camponeses como seus tributários.

Um último ponto diz respeito à difusão das crenças. Por todo o Mediterrâneo oriental, divindades estrangeiras foram relidas e acolhidas dentro de panteões locais. Não houve choques religiosos, apenas com algumas exceções, como a tentativa de Antíoco IV de influenciar o culto de Jeová em Jerusalém, já em finais do século II a.C., que resultou na guerra dos Macabeus. A grande novidade foi a progressiva introdução da ideia de divindade real, já perceptível, talvez, nas moedas de Alexandre, nas quais ele aparece, com frequência, com Hércules. O culto à realeza, estendido para governantes vivos, não foi um movimento apenas do Egito ptolomaico, onde seria mais compreensível, talvez, pelas tradições locais. Foi algo bem mais amplo, que por vezes nos é difícil compreender. Ao mesmo tempo que o individualismo se expandia, com o enfraquecimento da comunidade da pólis, as ações dos reis pareciam deter um poder sobre-humano – muito além das capacidades de um homem comum.

Diversas correntes filosóficas tentaram dar sentido ao novo mundo do poder. Os estoicos, seguidores do filósofo Zenão, apoiavam uma monarquia universal, capaz de suplantar os limites estreitos da pólis e apontar para uma cidadania também universal. A realeza, para eles, era uma instituição divina, que garantia a ordem do mundo. Os epicuristas afastavam-se da vida da pólis, para cultivar a sabedoria em pequenos grupos. Os cínicos, por fim, verdadeiros herdeiros de Sócrates, criticavam a ordem estabelecida e a arbitrariedade dos costumes morais. De qualquer modo, a partir do século III a.C., estamos muito longe da filosofia comunitária e política de Platão ou de Aristóteles.

SUGESTÕES DE LEITURA

MOMIGLIANO, A. *Os limites da helenização*. Rio de Janeiro: Zahar, 1991.
  Coletânea de conferências sobre o mundo helenístico e os povos ao seu redor, com ênfase particular nos judeus, celtas, romanos e gregos.

WALBANK, F. W.; ASTIN, A. E.; FREDERIKSEN; M. W.; OLGIVIE, R. M. (orgs.). *The Cambridge Ancient History*. 2. ed. v. VII, parte I: The Hellenistic World. Cambridge: Cambridge University Press, 2008.
  Obra coletiva e de referência. A coleção completa, com 14 volumes, abarca o conjunto do que se entende por História Antiga.

O imperialismo romano

A unificação da Itália sob a hegemonia de Roma foi, como vimos, um processo bem distinto e mais orgânico do que as demais hegemonias da época. Por isso, e pelo resultado final, que foi a instauração de um império mediterrânico, precisamos dedicar uma atenção particular à península itálica nos processos de integração do mar.

Roma permaneceu uma pólis: possuía uma elite patrício-plebeia concentrada no Senado, comandantes e administradores eleitos, um exército cidadão que dispunha de três assembleias – a centuriada, na qual votavam os homens em armas; a tribal, na qual os cidadãos votavam segundo sua região de origem; e a plebeia, aberta a todos os cidadãos, excluídos os patrícios. Como vimos, colônias romanas e latinas se espalharam pela península, outras cidades receberam a cidadania romana e os aliados contribuíam apenas com homens para a guerra. O

128 HISTÓRIA ANTIGA

século III a.C. foi particularmente estável em termos de conflitos internos. Foi o século de ouro do médio campesinato itálico. A Itália era, assim, a grande exceção do Mediterrâneo – um mundo de cidades, lideradas por uma delas, Roma, frente a um mundo de reinos.

A Itália unificada produziu uma nova força dentro do Mediterrâneo e alterou o rumo dos conflitos nas terras que costeavam o mar. Possuía o exército mais poderoso, composto por cidadãos, e dispunha de grandes recursos humanos. Ao longo do século III a.C. a costa da Itália tornou-se uma potência marítima e enfrentou, com sucesso, o domínio da marinha cartaginesa (também chamada de púnica) no mar ocidental, em duas sangrentas guerras. A segunda guerra púnica foi particularmente violenta. Os cartagineses, que haviam sido expulsos do mar, voltaram sua atenção para a península ibérica e suas ricas fontes de metais. De lá, lançaram um ataque por terra à própria Itália, comandados por Aníbal. O general cartaginês permaneceu 15 anos em terras italianas, sem conseguir romper a aliança romana. Muitas batalhas se tornaram célebres.

Como em todas as grandes guerras, o resultado final era imprevisível – em Roma se fizeram até mesmo sacrifícios humanos e se importou uma deusa de Éfeso, a Grande Mãe –, mas as consequências foram claras. No final do século III a.C., Cartago fora derrotada – embora não conquistada – e os romanos ocuparam, definitivamente, toda a Sicília. Foi a primeira província romana e um marco no imperialismo romano, cujos inícios podemos identificar aqui, na ocupação ou controle de áreas fora da Itália. Ao contrário do que ocorrera na península, as terras conquistadas passaram a ser exploradas como despojos de guerra e a pagar taxas ao povo romano. A expansão subsequente favoreceria as elites, que disputavam o comando das guerras e o prestígio e riquezas que obtinham com elas, bem como os camponeses médios, que formavam o grosso do exército itálico.

A ITÁLIA ROMANA E O MEDITERRÂNEO

Os exércitos de romanos e aliados atacaram, a seguir, em duas frentes: uma no norte do Mediterrâneo e na península ibérica, outra no Mediterrâneo oriental. Foram quase 200 anos de guerras incessantes. No Mediterrâneo oriental, derrotaram os reinos helenísticos e se impuseram como o novo polo hegemônico. A Macedônia se tornou uma província romana. Em alguns casos, a intervenção romana foi percebida como libertadora, como quando venceram o rei Antioco. Segundo Políbio, todos os habitantes da Anatólia se sentiram felizes com a vitória romana, não apenas por verem-se livres dos impostos e das guarnições, mas também por se sentirem liberados do terror que os "bárbaros" impunham sobre eles, por sua violência e falta de lei.

A expansão no Mediterrâneo oriental alterou a configuração das redes de contato no mar. Rodes, que fora um polo comercial importante, foi substituída por Delos, que se tornou o principal entreposto do Egeu, o maior centro de tráfico de escravos e onde mercadores itálicos, sobretudo da Campânia, se tornaram cada vez mais presentes. Não se tratava, assim, apenas da conquista ou domínio de territórios, mas do controle sobre as redes de comunicação e da criação de outros canais de conexões, que acentuavam os polos das redes existentes, mudando o sentido dos fluxos para novos centros de concentração.

No mesmo século, Roma e seus aliados conquistaram o sul da Gália e a principal via de acesso ao interior da Europa, o Ródano, criando uma nova província, a Narbonense. Foi na península ibérica que a conquista se mostrou mais árdua e mais lenta, provavelmente pela fragmentação política das populações locais. Mas era um prêmio que valia a pena, pelas riquezas minerais da península e pela fertilidade do vale do rio Guadalquivir, na atual Andaluzia, que viria a se tornar um dos grandes produtores de azeite no Mediterrâneo.

As conquistas do século II a.C. tiveram um profundo impacto nos próprios conquistadores. As riquezas adquiridas na expansão não foram acumuladas por um monarca, mas "privatizadas" entre os cidadãos: escravos, metais, bens artesanais, postos e rotas de comércio. Não esqueçamos que a Itália era, ainda, um mundo de cidades e de proprietários privados. Esse foi o fator principal. A Itália, sobretudo na sua costa ocidental, tornou-se o maior centro concentrador das riquezas produzidas em torno do Mediterrâneo.

130 HISTÓRIA ANTIGA

Os efeitos no centro foram de grande envergadura. A Itália se tornou mais homogênea, embora as especificidades regionais não desaparecessem. A nova riqueza, apropriada por parte da comunidade cidadã e aliada, foi investida em mansões cada vez mais luxuosas, imitando os grandes palácios privados do Mediterrâneo oriental. A cultura literária foi aos poucos sendo adotada e intelectuais de origem grega visitavam frequentemente Roma. Nascia uma cultura literária latina, cujos primeiros expoentes viviam em um universo multicultural: Terêncio, por exemplo, o grande comediógrafo latino, era de origem púnica.

PRODUÇÃO E COMÉRCIO

A produção e o comércio artesanais conheceram um notável aumento, tanto dos artigos produzidos em série, como dos mais preciosos. O aumento do consumo é visível nos sítios arqueológicos rurais e urbanos. Mas as principais mudanças se deram no campo. A propriedade privada se expandiu pelas terras que ainda eram públicas. Os proprietários mais ricos e os medianos investiram pesadamente na produção agrícola. O domínio de territórios como a Sicília, que produzia cereais e alimentava o centro, cada vez maior, da cidade de Roma, permitiu à agricultura especializar-se na produção de bens de maior valor agregado, como o vinho. Nossas principais fontes são o livro *Manual agrícola de Catão*, de cerca de 150 a.C., e um recipiente de transporte: a ânfora chamada de Dressel 1.

A Dressel 1 é uma continuação das antigas ânforas greco-itálicas e transportava vinho produzido em toda a costa tirrênica da Itália. Como outras produções anfóricas, anteriores e posteriores, mostra uma notável padronização: uma maneira de se inserir, com sua própria identidade formal, nos fluxos mediterrânicos. Sua exportação para fora da Itália foi extraordinária, mas seu maior mercado foram as regiões da Gália ainda não dominadas pelos romanos, o que mostra, mais uma vez, a importância de regiões não mediterrânicas para entendermos os processos históricos que se desenrolavam ao redor do mar. Em alguns sítios arqueológicos celtas, essas ânforas podem ser calculadas na ordem de centenas de milhares de

O IMPERIALISMO ROMANO *131*

exemplares. Segundo as evidências da Arqueologia subaquática, a quantidade de naufrágios de navios, no período entre II a.C. e II d.C., revelam o período de maior intensidade de trocas marítimas de toda a história do Mediterrâneo antigo.

Talvez o maior aporte externo à Itália tenha sido em força humana. Os italianos se tornaram os maiores importadores de mão de obra escrava. Calcula-se que, no século I a.C., os escravos constituíam cerca de 30% de toda a população da Itália. Os escravos, imigrados à força, ocuparam as cidades em todos os ofícios. Mas foi no campo que sua utilização foi mais intensa. O *Manual de Catão* nos faz conhecer propriedades de média extensão conduzidas apenas por escravos e dedicadas, quase exclusivamente, à produção para o mercado. O objetivo da produção era o lucro. Por isso, podemos afirmar que o investimento assumia a forma de capital, não no sentido moderno, é claro, mas como um investimento que visava à produção de lucros. Não havia grandes latifúndios, mas um mesmo senhor podia ter propriedades em vários lugares da Itália. Embora o pequeno camponês e o trabalhador livre não tivessem desaparecido, a região central da península tornara-se uma terra escravista. A falta de direitos dos escravos, a possibilidade de sua total opressão, seu trabalho em equipe, sua falta de família para alimentar, permitiram um aumento notável da exploração do excedente de trabalho.

Outra forma de enriquecimento era a participação em pregões públicos, sobretudo para arrematar a coleta de taxas nas províncias. Surgiram verdadeiras empresas arrematadoras, pois o capital necessário era bastante alto. Mas os lucros eram imensos. Seus representantes eram chamados de publicanos e se tornariam uma importante fonte de financiamento político no século seguinte. A riqueza, em sua forma monetária, também permitiu o desenvolvimento da atividade bancária. Os banqueiros admitiam depósitos e transferências, trocavam moedas de origens diferentes e emprestavam a juros, tanto a ricos como a pobres. Os principais tomadores de empréstimos, no entanto, eram as próprias províncias conquistadas, que precisavam pagar seus tributos.

É possível que a grande quantidade de dinheiro disponível na Itália nesses séculos tenha ocasionado a única bolha financeira que conhecemos

132 HISTÓRIA ANTIGA

no "mundo antigo", com altas e quedas surpreendentes nas taxas de juros dos empréstimos privados e das cidades conquistadas. Foi um fenômeno concomitante à grande crise civil de Roma no século I a.C. Mais tarde, à época do Império regularam-se, de modo progressivo, as taxas de juros, as hipotecas e os empréstimos de médio e longo prazo. Nunca houve uma integração financeira da economia, bem ao contrário das formas de integração de nossos dias.

A riqueza italiana se manifestou, igualmente, na crescente quantidade de bens de luxo produzidos ou, sobretudo, importados e confiscados do Oriente. Muitas cidades, principalmente na Campânia, iniciaram projetos urbanísticos de grande porte, em grande parte inovadores: termas públicas, teatros, anfiteatros, aquedutos, santuários espetaculares, ampliação e renovação dos centros urbanos eram sinais da prosperidade da região e da competição não violenta das cidades. E a própria Roma foi tomando o aspecto de uma aglomeração humana sem precedentes.

RESISTÊNCIAS

Essa expansão não se fez sem grandes conflitos, tanto externos quanto internos. O último rei macedônico só foi derrotado em 167 a.C. Em 146 a.C., a Liga Aqueia, na Grécia, declarou guerra aos romanos, o que resultou na destruição da grande e antiga cidade de Corinto – que foi transformada em colônia romana – e na escravização de centenas de milhares de pessoas. Cartago também foi aniquilada nessa época. Em 133 a.C., o último rei de Pérgamo doou seu reino aos romanos, que enfrentaram uma violenta revolta da população.

No final do século II a.C., foi a vez do norte da África, onde o rei Jugurta enfrentou as tropas romanas por vários anos, massacrando os comerciantes itálicos das cidades do litoral e conduzindo uma dura guerra de guerrilhas. Quase ao mesmo tempo, os exércitos romanos tiveram que enfrentar invasões vindas do norte, as numerosas tribos germânicas de Címbrios e Teutões. Foi a época do grande general Mário, como a seguinte seria a de Sulla e, em seguida, a de Pompeu e César. Mário foi o primeiro general (*imperator*, em latim) a abrir as fileiras do exército para os cidadãos sem posses, a pagar-lhes um soldo e a prometer distribuir terras para seus soldados. Criava-se, assim, uma relação de clientela que seria foco de imensos conflitos no século seguinte.

Entre 88 e 63 a.C., os romanos confrontaram três grandes levantamentos na Anatólia, conduzidos pelo rei do Ponto, Mithridates VI, que uniu boa parte do Mediterrâneo oriental contra os romanos. Segundo algumas fontes, Mithridates ordenou o massacre de todos os romanos vivendo e comerciando na Anatólia: cerca de 80 mil pessoas. Durante esse período de guerras, a própria Atenas foi ocupada e saqueada pelas tropas romanas. As presas de guerra levadas a Roma pelos generais atingiram proporções inéditas. No final, todo o Mediterrâneo oriental estava sob controle romano, com exceção do fraco reino dos ptolomeus, no Egito.

Não foram, contudo, apenas reinos e povos que enfrentaram os romanos. Entre o final do século II a.C. e o início do I a.C., os exércitos itálicos tiveram que combater duras lutas contra escravos. As principais revoltas ocorreram na Sicília. Entre 135 e 132 a.C., escravos se rebelaram sob o comando de um sírio de nome Eunos, que se considerava um profeta. Outra revolta durou de 104 a 100 a.C. e foi ainda mais sangrenta. Um detalhe interessante é o fato de que 800 escravos dentre os rebelados eram, na verdade, cidadãos de pólis aliadas de Roma, que haviam sido vendidos por seus credores.

A revolta mais famosa deu-se no centro da própria Itália, comandada pelo gladiador Espártaco, em 70 a.C. Algumas fontes afirmam que seu exército chegou a reunir 70 mil pessoas, algumas delas camponeses pobres. Após a derrota dos escravos, o castigo foi exemplar. Ao invés de serem devolvidos a seus donos, 6 mil escravos foram crucificados na via Apia, estrada que levava de Roma ao sul da península.

A CRISE NO CENTRO DO PODER

A expansão imperialista provocou rachaduras no próprio centro imperial: nos conflitos entre ricos e pobres, entre devedores e credores, entre romanos e itálicos e entre generais rivais e seus respectivos exércitos. Foram

134 HISTÓRIA ANTIGA

esses conflitos que geraram a chamada Guerra Civil, que durou quase cem anos e só teve fim com a instauração do Império Romano. Suas origens podem ser traçadas no século II a.C.

A riqueza obtida no século II a.C. não foi distribuída igualitariamente entre os cidadãos. As terras disponíveis para colonização na Itália haviam diminuído e muitos cidadãos mais pobres, mesmo soldados – que agora serviam longe de casa, por mais de uma década – perderam suas propriedades rurais. Os escravos não eram apenas concorrentes com a mão de obra livre. Sua posse permitia aos cidadãos mais ricos explorar cada vez mais terras. Havia muitos territórios na Itália que ainda não haviam sido distribuídos privadamente – em parte por conta das devastações da guerra contra Aníbal –, mas tinham sido deixados livres para a ocupação de quem tivesse os meios de cultivá-los. Estes, obviamente, eram os mais ricos.

As décadas de 130 a 120 foram anos de crise na Itália. Os conflitos dividiram a ordem senatorial, a ordem dos cavaleiros (segunda em importância), os cidadãos romanos e os aliados itálicos. A ideia fundamental era a de privatizar as terras públicas, diminuindo as posses dos mais ricos até níveis máximos (cerca de 125 ha) e dividir o restante entre os mais pobres. Os dois principais defensores dessas medidas, os tribunos da plebe Tibério e seu irmão Caio Graco, foram ambos assassinados pela elite. Mas uma certa distribuição de terras foi efetivamente realizada.

Em 90 a.C., os aliados de Roma se rebelaram por uma maior participação nos despojos de guerra, que haviam aumentado extraordinariamente com as recentes lutas no Oriente. Foi a chamada "Guerra Social". Centrados no Sâmnio e emitindo sua própria moeda – com a imagem de um touro que atacava uma loba, símbolos da Itália e de Roma – os aliados representaram a maior ameaça doméstica à hegemonia romana em séculos. A Itália se tornou o palco de grandes batalhas entre os que haviam sido, até então, soldados de um mesmo exército. Não houve vencedores claros, mas um grande acordo geral. O final da guerra, em 88 a.C., marcou a extensão da cidadania romana para todos os cidadãos de pólis itálicas ao sul do vale do Pó.

Roma era agora uma cidade-Estado de quase seis milhões de habitantes. Seu território era toda a Itália. Suas estruturas políticas tornaram-se claramente inadequadas para dar conta dessa expansão da cidadania. Os soldados que voltavam das guerras no exterior, sob a proteção de seus generais, pediam mais terras, que só podiam ser conseguidas, agora, pela confiscação de outros cidadãos. Entre 80 e 30 a.C., Roma e a Itália viveram sob o vendaval da guerra civil. Ditaduras, rebeliões, reação senatorial, lutas entre generais e seus seguidores. Momentos de conflito aberto foram entremeados por outros de relativa paz, quando aparecia um vencedor claro.

Em 66 a.C., Pompeu foi encarregado de eliminar os piratas que infestavam os mares e, ao mesmo tempo, de reorganizar o oriente romano. Como muitos generais romanos antes dele, estabeleceu relações pessoais, de clientela, com inúmeros potentados do Mediterrâneo oriental. Na década seguinte – e para granjear apoio e riquezas –, César invadiu e conquistou as Gálias, dilaceradas por conflitos internos, de onde também retornou com grandes riquezas, com um exército fiel e uma enorme clientela política, após uma década de guerra. Um dos casos mais conhecidos de rei-cliente no Oriente foi Herodes, que dominou a Judeia com apoio romano por muitas décadas.

As últimas guerras da república romana foram entre generais e seus seguidores. Foi uma guerra entre romanos. Em seus momentos finais, mais de meio milhão de soldados foram mobilizados para guerrear entre si. Os grandes generais, Pompeu e César e, em seguida, os assassinos de César, Bruto e Cássio, e os seguidores daquele, Marco Antônio e Otaviano, o filho adotivo de César, seguiam seus próprios interesses e os de seus soldados, mas também plataformas políticas distintas. Os "cesaristas", ou *populares*, seguindo uma tendência que vinha desde o general Mário, eram mais abertos às demandas da plebe e a uma ordenação mais equilibrada do Estado. Seus opositores, os *optimates* (ou seja, *os melhores*), apoiavam-se, com mais força, nas classes possuidoras e nas elites municipais. O grande orador e político Cícero, representante destas últimas, tentou por várias vezes estabelecer uma via de equilíbrio, sem sucesso. Nos momentos decisivos pendeu sempre para os *optimates*.

César derrotou Pompeu, tornou-se ditador (*dictator*) em Roma – ou seja, concentrou os poderes dos magistrados principais em suas mãos e iniciou uma série de reformas econômicas e políticas. Mas foi assassinado por

136 HISTÓRIA ANTIGA

um grupo de senadores e a guerra civil prosseguiu. As forças agrupadas em torno dos assassinos de César, sobretudo Bruto e Cássio, foram a última tentativa dos oligarcas do Senado de recuperarem suas prerrogativas. Mas também foram derrotados. É curioso perceber como o Império resistiu a tantos conflitos entre os próprios romanos. Não havia mais alternativas no Mediterrâneo, a não ser a de um poder unificado.

A última guerra ocorreu entre os sucessores de César: Marco Antônio, um de seus melhores generais, que alocou suas tropas no Oriente e no Egito, e Otaviano, o futuro Augusto, filho adotivo do ditador morto, que solidificou atrás de si o apoio de toda a Itália. A vitória de Augusto selou o fim da República e marcou a instituição de um único governante. O último reino helenístico independente, o Egito, foi conquistado e seus tesouros trazidos para a Itália. Com eles, Otaviano agraciou a plebe com a distribuição de trigo gratuito ou subsidiado – uma antiga reivindicação dos populares –, distribuiu terras entre seus veteranos e começou a transformação da cidade de Roma numa capital digna de um império.

As guerras civis haviam sido extremamente destruidoras e tinham se alastrado por quase todo o Mediterrâneo: da península ibérica e o norte da África à Grécia e o Mediterrâneo oriental. Em termos modernos, mesmo que anacrônicos, diríamos que foi uma "Guerra Mundial". Só o lento processo de acumulação de conexões, de interconexões, de redes e estruturas interligadas explica como a luta no interior de uma cidade pudesse, ao mesmo tempo, ser uma guerra mediterrânica. Esse fato, que seria impensável à época da hegemonia de Atenas, mostra por si só como as terras do Mediterrâneo se haviam tornado mais integradas.

O final da guerra entre os romanos trouxe a paz – como grande benefício geral – para toda a extensão do Império. A tarefa do longo reinado de Otaviano, agora cognominado Augusto, foi encontrar os pontos de equilíbrio que permitissem uma maior estabilidade à cidade tornada Império, ou antes, ao Império-cidade de Roma.

SUGESTÕES DE LEITURA

Araújo, S. R. R. de; Rosa, C. B. da; Joly, F. (orgs.). *Intelectuais, poder e política na Roma Antiga*. Rio de Janeiro: Nau Editora, 2010.
  Coletânea de estudos de especialistas brasileiros sobre a História de Roma e as complexas relações entre poder e criação intelectual.

Nicolet, C. L. *Rome et la conquête du monde mediterranéen*. 10. ed. Paris: puf, 2001, v. I e II.
  Obra clássica sobre a expansão romana pelo Mediterrâneo, tanto do ponto de vista do poder expansionista quanto das regiões anexadas. Além da narrativa sobre os eventos principais, debruça-se sobre problemas específicos articulando uma ampla bibliografia.

Wallace-Hadrill, A. *Rome's Cultural Revolution*. Cambridge/New York: Cambridge University Press, 2008.
  Obra revisionista de grande impacto nos estudos mais recentes. Procura entender os efeitos da expansão imperialista no próprio centro de expansão – Roma e a Itália – em termos das mudanças culturais e econômicas.

O Império

O Império Romano, que durou séculos, apenas foi possível sob a base dos séculos de integração e consolidação de estruturas que o antecederam. A instituição de um poder soberano único rearticulou, sem alterações dramáticas, as fronteiras internas e externas que já vinham se desenvolvendo no Mediterrâneo. Sobre elas impôs, primeiramente, a fronteira de um só poder, que não admitia contestações. É nesse sentido que podemos considerá-lo singular. Não era uma hegemonia, pois não havia poderes alternativos. Nem se assemelhava a um reino helenístico, pois representava o poder de uma pólis, com toda a carga institucional que isso trazia. Por sobre as redes constituídas nos séculos anteriores – econômicas, culturais,

140 HISTÓRIA ANTIGA

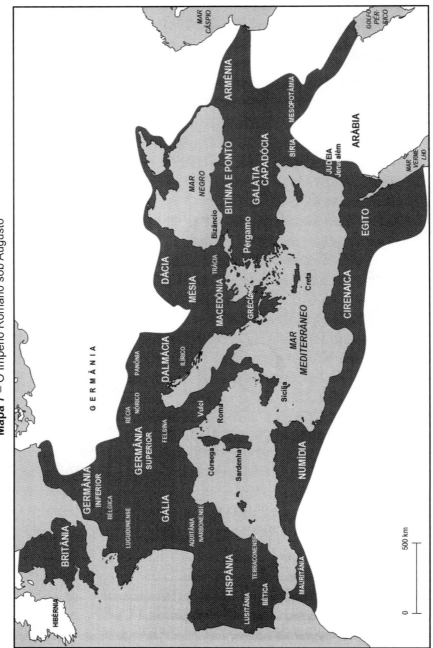

Mapa 7 – O Império Romano sob Augusto

O IMPÉRIO *141*

religiosas – impôs a integração pelo poder. Mas um poder que, como prova sua duração, criou novas fronteiras, pontes entre populações, novas formas de inclusão e exclusão.

UMA NOVA ORDEM

Um aspecto importante no que se refere à construção de uma unidade do Império está vinculado à posição do imperador. Nunca se tratou de um cargo legalmente regulado, mas que delimitava uma unidade político-institucional, para além do aspecto de unidade identitária. Essa posição se manteve pouco clara do ponto de vista institucional e dependia da construção de um consenso político em torno de um indivíduo que detinha a posição mais alta nas hierarquias compósitas do Império. Para manter esse consenso, cada imperador se esforçou para gerar uma distribuição de benefícios e construir uma imagem de que nada acontecia no Império sem sua anuência. Mais do que apenas uma referência simbólica, o imperador era o polo para onde convergiam os diversos grupos que se constituíam no interior do Império, seja qual fosse o viés de suas identidades.

Os primeiros cem anos do Império foram de adaptações institucionais. Roma, a capital, continuou a ser o centro do poder, mas agora de um poder imperial. Muitas das instituições da velha pólis foram mantidas, embora reformuladas. Augusto redefiniu as posições das elites romanas, criando dois estamentos, os senadores e os equestres. Ascender a eles dependia de patamares de riqueza, mas dava acesso à participação em cargos públicos. O monarca, cujo poder era veladamente hereditário, permaneceu como o mais importante dos senadores (seu "príncipe"), mas o Senado, largamente reformulado, perdeu muitas de suas funções. Ainda era escolhido entre a aristocracia italiana, mas atuava principalmente como celeiro para a escolha dos comandantes imperiais no Império. No início, ainda abrigava a elite das elites da Itália.

A plebe de Roma, que chegava a quase um milhão de habitantes, perdeu seu poder Legislativo e foi acolhida na clientela de Augusto, que garantiu o abastecimento de trigo, gratuito ou mais barato. Os imperadores reforçaram uma já antiga política de distribuição de dinheiro e de promo-

142 HISTÓRIA ANTIGA

ção de festividades – que culminariam nos grandes centros de diversão da plebe – o circo – onde se realizavam corridas de cavalos, o teatro e, mais tarde, nos anos 70 d.C., o grande anfiteatro do Coliseu.

Houve um reordenamento progressivo das províncias, com o estabelecimento de impostos mais precisos – tanto sobre as cidades como sobre o comércio nos portos – e inibiram-se, aos poucos, os abusos cometidos pelos agiotas, pelos publicanos e pelos governadores provinciais. Nos seus dois primeiros séculos, o Império funcionava, ainda, como uma aliança de cidades: algumas eram livres, outras aliadas, outras colônias, outras ainda eram municípios, que recebiam sua ordenação a partir de Roma. Só aos poucos, nos séculos seguintes, seus estatutos foram uniformizados.

Uma das maiores alterações, no entanto, foi na organização do exército. Os contingentes das guerras civis foram desmobilizados e receberam terras para cultivar – muitas vezes em províncias. O exército se profissionalizou e se estabilizou em cerca de 300 mil homens, tanto cidadãos como provinciais *auxiliares*, a maioria colocada nas fronteiras do Império. Ser soldado tornou-se uma profissão paga, com direitos de aposentadoria. Era uma das grandes fontes de novos cidadãos romanos e, sobretudo, o maior empregador de trabalho assalariado por toda a extensão do Império. E era também um dos caminhos principais de ascensão social, tanto para cidadãos romanos como para provinciais. Era uma das bases mais concretas do poder imperial e sua fidelidade às sucessivas dinastias foi uma das fontes da estabilidade do Império. Em Roma, o próprio imperador era protegido por um corpo de elite – a guarda pretoriana. Nas províncias, um soldado, estacionado ou em trânsito, era uma fonte própria de poder, exercia um poder de polícia, por vezes corrupto, em todo caso a ser temido. Um dos imperadores mais famosos e difamados, Nero, caiu em 68 d.C. exatamente por perder o apoio do exército, embora fosse muito popular em Roma e nas províncias.

A principal base política de sustentação do Império sempre foram as cidades. Onde eram mais raras, como nas Gálias, os imperadores atuaram decisivamente na sua promoção, incentivando as elites locais a adotarem modos urbanos. Era através das cidades que o poder se exercia, que a paz se mantinha e que os impostos eram cobrados, através de uma aliança entre suas elites e o imperador. Muitos historiadores consideram, hoje, o Império uma aliança conservadora das elites urbanas com o poder imperial. O Império suprimiu, como os antigos reinos helenísticos não haviam conseguido, qualquer possibilidade de revolta local, que era rapidamente anulada.

ERAM TODOS ROMANOS?

Mas o Império não foi apenas um sistema político, imposto de cima para baixo. Sua fundação exigiu a criação de uma identidade romana, que pudesse ser assumida por seus habitantes. Um dos elementos foi a propagação, nas províncias, do culto à família imperial e ao imperador. Na Gália e na Anatólia, por exemplo, as elites se reuniam em um santuário comum, o *koinon*, uma vez por ano, para celebrar o culto imperial. No sistema social romano, regido por honras públicas, os libertos (ex-escravos) podiam se tornar sacerdotes do imperador – os *seuiri Augustales*. A libertação de escravos, que parece ter sido frequente, era outra forma de ascensão social.

Dentro da imensa diversidade religiosa do Império, com cultos que atravessavam o Mediterrâneo de ponta a ponta e em todas as direções, os imperadores souberam, dessa forma, criar um espaço para si mesmos, como interlocutores privilegiados com o sagrado. Por alguns séculos, os imperadores mortos, após aprovação do Senado, se tornavam divinos – *diui*. Por vezes, mesmo suas esposas e toda sua família eram divinizadas.

Os historiadores mais antigos, da primeira metade do século XX, descreviam a aparente homogeneidade cultural do Império através dos conceitos de romanização e helenização, como se as populações conquistadas tivessem acolhido de braços abertos as benesses de civilizações superiores: romana no Ocidente, grega no Oriente. São ideias ultrapassadas. A própria criação de uma identidade romana foi um processo complexo, acelerado no século final da república e à época de Augusto.

Às portas de assenhorar-se de um império, Roma não tinha uma identidade definida. A cidade era um amálgama confuso de romanos, italianos, estrangeiros, escravos e libertos. A identidade romana teve que ser recriada para servir de parâmetro para o Império. Nunca foi uma identidade étnica, nem monolítica, nem mesmo imune à ação do tempo. Mas à época de Augusto houve um esforço consciente em fixá-la dentro de certos parâmetros.

Nesse processo de criação identitária teve um papel central a produção de uma cultura letrada latina. A história da cidade, de seus feitos, de seus valores e de seus exemplos individuais tornou-se um modelo a ser difundido pelas escolas. A criação de uma literatura latina, inspirada na grega, mas independente, foi outro instrumento. Os poetas, em particular Virgílio, com seu poema épico nacional, a *Eneida*, foram fundamentais nesse processo. O latim também se tornou uma língua de cultura, que podia ser ensinada nas escolas das províncias ocidentais e que também tinha seus clássicos. Como na Grécia, séculos antes, língua, literatura e escola tornaram-se instrumentos de poder. Foram meios de cooptação de elites, as mesmas que construíam cidades ao gosto romano no ambiente, ainda bastante rural, das Gálias.

A partir do século I, com efeito, os gauleses abandonaram aos poucos suas aglomerações tradicionais, os *oppida* fortificados, para se estabelecerem nas planícies segundo um padrão urbano que lembrava o romano, com seus fóruns, templos e ruas perpendiculares. Muitas dessas cidades, no entanto, permaneceram como projetos jamais terminados e sua área urbana foi ocupada muito lentamente. Deve-se notar, em particular, uma forma de templo, os *fana*, cuja origem não era nem romana, nem grega, mas uma adaptação local do modo de cultuar os deuses. Eram dedicados a deuses locais que, nas Gálias como no restante do Império, não foram nunca abandonados, mas reinterpretados.

Tornar-se romano, assim, foi um processo lento e, provavelmente, jamais concluído. No oriente grego, cuja literatura conhecemos melhor, as elites parecem ter aceitado a dominação romana, mas reforçaram, por algum tempo, sua identidade helênica, buscando modelos na língua e na literatura atenienses de cinco ou seis séculos antes. As elites declamavam e escreviam numa língua arcaica, criticando por vezes o imperador de turno, mas não se voltavam contra o Império. Mais profundas eram as críticas dos filósofos vagabundos, os cínicos, que andavam de cidade em cidade, declamando em praça pública e condenando o luxo e a futilidade da ordem da vida imposta pelo Império.

O grande historiador romano Tácito, que via a concentração de poderes no Império como um mal necessário, descreveu a adoção de hábitos romanos na Bretanha recém-conquistada de modo bem ácido: as elites bretãs, sob o estímulo do general Agrícola (genro de Tácito) construíam cidades, templos, teatros e enviavam seus filhos às escolas, sem perceber que, sob uma falsa noção de liberdade (*humanitas*), aceitavam placidamente a escravidão da ordem imperial.

O Império dividiu-se, assim, em duas áreas linguísticas gerais: grego no oriente e latim no ocidente. Ambas eram empregadas como línguas francas, usadas por populações que permaneceram usando seus idiomas locais e seus costumes cotidianos. Mas também se tornaram as línguas das elites, da literatura, cada vez mais distanciadas do latim e do grego vulgares. Desse modo, o Império tornou-se uma unidade multilingual, com diferentes níveis de expressão. A linguagem erudita integrava as elites, as línguas comuns possibilitavam a comunicação entre populações diferentes, as línguas locais articulavam a vida cotidiana.

A integração política do Império não representou uma unificação da sociedade, nem foi inclusiva. Os pobres continuaram pobres e novas fronteiras se criaram em torno deles. Em Alexandria, por exemplo, havia claras distinções nos direitos dos cidadãos romanos, dos gregos mais ricos (os que frequentavam o ginásio), dos demais gregos, dos judeus e da população egípcia nativa. Os pobres sempre permaneceram sujeitos ao arbítrio de seus superiores, tinham pouco acesso à justiça e podiam ser submetidos a castigos corporais. Ao longo do território do Império, as várias sociedades em seu interior eram altamente hierarquizadas. A eficácia do poder imperial fez-se notar, principalmente, na homogeneização dessas hierarquias, todas elas derivadas do poder central em Roma.

AS FRONTEIRAS INTERNAS E OS EXCLUÍDOS DA ORDEM

O Império tampouco se instalou sem contestações. A impossibilidade da ação política nas cidades, em vista do imenso poder que se erguia sobre elas, produziu uma forma de revolta silenciosa: o banditismo, que se tornou endêmico, em especial nas regiões rurais. A plebe das grandes metrópoles, como Roma, Antioquia e, sobretudo, Alexandria, era conhecida por sua instabilidade. Quando não se rebelava abertamente, manifestava seu descontentamento em novos espaços públicos, como os teatros e anfiteatros, diante das autoridades locais e, até mesmo, de governadores e do próprio imperador. É possível pensar que a ordem imperial, ao impor-se às ordens locais como um poder claramente desproporcional, induzisse ao conformismo com a ordenação da vida. E isso é em parte verdade. Mas, como vimos, só em parte.

Uma contestação explícita contra o Império partiu da única cidade-templo dentro de suas fronteiras – Jerusalém. Entre 66 e 70 d.C., toda a Judeia, liderada por sua população mais pobre, revoltou-se contra o domínio romano e contra o que considerava a profanação do templo. Após uma guerra especialmente sangrenta, Jerusalém foi tomada, a população massacrada e o templo destruído. Foi a maior revolta de um centro político e de uma etnia na história do Império e uma das origens do judaísmo rabínico, centrado em sinagogas. A principal narrativa do conflito nos vem do historiador Flávio Josefo, que participou dos estágios iniciais da revolta, mas passou depois para o lado romano. Josefo, que era do grupo sacerdotal, interpretou a destruição do templo como um castigo divino, advindo dos conflitos entre os próprios judeus. Foi uma das personalidades mais curiosas e densas do período: judeu por nascimento, escreveu em grego no estilo de Tucídides e, depois, tornou-se membro da corte imperial.

Os judeus se rebelariam ainda no século II, na famosa rebelião de Bar Kochba, que chegou a cunhar moedas com símbolos judaicos. A reação romana foi violenta, como havia sido antes. Não havia lugar para dissensões regionais no Império. A alternativa final para os judeus foi a diáspora e a cultura – especialmente rica – das sinagogas – que produziram o Talmud e a Mishna. Não podemos esquecer, nesse contexto, a produção de apocalipses, judeus e cristãos, como o Apocalipse de João ou aqueles reunidos na coleção *Oracula Sibilina*, que previam e desejavam o fim do Império. "A riqueza que Roma recebeu da Ásia tributária, receberá a Ásia três vezes mais, em pagamento por sua soberba insolente. E para cada trabalhador na terra dos itálicos, vinte itálicos trabalharão na Ásia, como escravos necessitados" (*Oracula Sibilina* 3. 350 f). Como sabemos, a profecia não se realizou.

Para além dessas revoltas, devemos considerar, igualmente, regiões onde o poder romano não se exercia plenamente: as regiões mais montanhosas da Anatólia, os desertos da Líbia e do oriente da Síria, a região mais ao norte da Gália e muitos espaços internos, rurais ou montanhosos, onde o controle da ordem da vida escapava ao poder imperial. Os que fugiam da ordem eram sistematicamente classificados como bandidos.

Na verdade, com exceção do Egito, que se tornou uma região específica, controlada diretamente pelo imperador por meio de um prefeito equestre (e nunca um senador) – tendo em vista a riqueza que o vale produzia –, os primeiros séculos da dominação romana se assentaram sobre costumes e leis locais, sem uma política consciente de eliminá-los. As prioridades do Império eram a manutenção da ordem e a cobrança de impostos. Nos três primeiros séculos, foi a existência de elites locais que garantiu ambas. Escritores gregos de renome, como Plutarco e Élio Aristides, deixaram essa relação clara. Para Plutarco, as elites deviam manter as cidades em calma, lembrando-se de que o coturno romano pesava sobre seus pescoços. Élio Aristides concebia o Império como uma única cidade, na qual o poder concedido pelos romanos permitia às elites dominar os subalternos.

Sobre as redes de interação estabelecidas no Mediterrâneo pelo trabalho acumulado de séculos, o Império Romano estendeu e consolidou uma rede de poder que assegurava as ordens da vida, apoiava os meios de dominação e tornava a ação local cada vez mais difícil. Apenas as grandes elites possuíam pontos focais, nos quais podiam se reunir, trocar experiências e se reconhecer como grupo: o Senado de Roma – o maior deles –, os Senados de cada cidade e as Assembleias provinciais. A ação individual, ou a ação coletiva de uma comunidade, que havia sido tão vivaz nos séculos anteriores, foi subjugada por um poder sem concorrentes. Não havia mais como escapar do Império, a não ser mergulhando na "barbárie". Por isso também cessaram as grandes revoltas de escravos, embora as fugas e os assassinatos de senhores continuassem frequentes. Como disse o filósofo Sêneca, escravos e senhores eram naturalmente inimigos.

CRISTIANISMOS

Um parágrafo à parte deve ser dedicado ao desenvolvimento do cristianismo. Originalmente, não foi mais que uma seita dentro do judaísmo. Sua expansão pelo Mediterrâneo, contudo, foi um sintoma da insatisfação contra o Império. Um descontentamento que se expressava de forma religiosa, dado o fechamento das fronteiras políticas, mas cujas consequências atingiam a própria legitimidade do poder. Os cristãos, nos dois primeiros séculos, pregavam o afastamento da vida das cidades, de seus hábitos e de sua ética. Sem confrontar o Império diretamente, sua postura apolítica era também uma ética de não participação, de crítica à sociedade existente. Algumas das frases contidas nos evangelhos são contundentes contra os princípios da ordem dominante: dar a outra face, desprezar os bens terrenos e distribuí-los, criticar os ricos e pregar a humildade. Nos termos da terminologia das fronteiras, que utilizamos até aqui, os primeiros cristãos, assim como os bandidos, formavam uma margem interna.

Entre os não cristãos, os filósofos cínicos possuíam uma ética semelhante, mas não religiosa e sem organização. O grande diferencial dos cristãos localizava-se não apenas em uma enorme devoção religiosa, mas também na progressiva constituição de uma rede mediterrânica, num sistema de circulação de cartas e textos sagrados e no estabelecimento de grupos formais dentro das cidades. Penetravam nos espaços domésticos das casas e muitos dos primeiros convertidos eram mulheres – que, por sinal, não tinham lugar no espaço público.

Um dos segredos da difusão do cristianismo foi, portanto, sua inserção nas redes de comunicação entre o mar e as terras e a progressiva construção de uma história e de uma memória, ou seja, de uma identidade que unia pessoas de uma ponta a outra do Império. Mesmo sem revoltas abertas, é difícil imaginar um credo mais subversivo do que este, que negava a cidade, o luxo, os poderes terrenos. Nos séculos seguintes, a partir do processo de sua integração com as cidades, surgiram vários cristianismos e diferentes interpretações dos textos considerados sagrados. Um dos grandes problemas do cristianismo futuro seria precisamente o de interpretar

O IMPÉRIO *149*

uma das mais célebres passagens do Evangelho de Mateus: que era mais fácil um camelo passar pelo buraco de uma agulha do que um homem rico entrar no reino dos céus.

INTEGRAÇÃO ECONÔMICA

Discute-se muito se a instituição do Império acelerou ou não sua integração econômica. É importante ressaltar, para a compreensão das formas de integração no Império, que a própria Itália deixou de ser um centro concentrador em meados do século I d.C. Foi quando surgiram as chamadas produções provinciais, tanto na Gália como na península ibérica e no norte da África: cerâmica de luxo, produção de vinho e azeite, exportação de peixe salgado ou do famoso *garum*, um molho de peixe altamente condimentado, espalharam-se pelas províncias, para "prejuízo" da Itália. Nunca houve uma política de protecionismo por parte do governo imperial.

Há duas informações arqueológicas que sugerem que os dois primeiros séculos do Império foram o auge das trocas econômicas no Mediterrâneo antigo. Ambas podem ser debatidas, mas são sugestivas. Em primeiro lugar, como vimos, o número de naufrágios. Colocados em um gráfico, mostram uma curva ascendente desde o século II a.C., com pico no século II d.C., que depois é rapidamente declinante. Outra informação provém dos depósitos de poluentes nas geleiras do norte da Europa, que mostram um crescimento impressionante da produção de metais até o mesmo século II d.C. (não superado até o período moderno), seguido de rápido declínio. Se seguirmos a produção de instrumentos de ferro, com a qual iniciamos este estudo, o Império conheceu um auge absoluto em sua produção, que não seria superado até a época moderna. O ferro, em toda a vida cotidiana – de pregos a instrumentos cirúrgicos de precisão –, e a cerâmica produzida em massa (correspondente ao plástico na vida contemporânea) foram duas marcas decisivas da economia do Império.

Tais dados servem, sobretudo, para confrontar historiadores que ainda afirmam que toda a economia antiga era primitiva e voltada à autossuficiência. A história da integração do Mediterrâneo que foi descrita

150 HISTÓRIA ANTIGA

até aqui segue o sentido contrário. Isso não significa que houvesse um mercado unificado sob o Império, regulador de preços e salários, mas sim relações mercantis, muitas vezes mediadas pela moeda. Espaços comuns de preços – da terra, do trabalho e dos produtos finais, bem como de juros – foram ativos nas áreas mais conectadas do Mediterrâneo. O que não encontramos são zonas de acumulação permanente e protegida, como no período moderno. A produção continuou sempre local ou regional, dependente de capital limitado, e a acumulação para a produção migrou entre várias áreas: da Itália central para a Gália meridional, da Andaluzia para o norte da África ou a Síria.

Embora possamos falar numa revolução no consumo, ao longo do Império, com a difusão progressiva de certas modas e de bens artesanais modestos por todas as camadas da população, a base de consumo tinha limites claros para se ampliar – a falta de mercados externos e a estreiteza de um mercado interno dominado por um grande contingente de população escrava, pobre ou dependente. Além disso, apesar da forte urbanização, a grande maioria da população permaneceu rural. A riqueza do Império dependia, assim, da capacidade de difundir tecnologia ou de aumentar a exploração do trabalho rural e artesanal. A democratização do ferro atingiu seus limites no século II d.C. Houve poucos avanços tecnológicos – entre os quais se destaca a utilização do moinho movido a água. Mas a escravidão nos campos e no artesanato não parece ter se expandido – ao contrário. O brilho e a força do Império passaram a depender, cada vez mais, do aumento da expropriação da massa camponesa. Esse foi um dos limites cruciais a sua manutenção e sobrevivência.

ESTADO E ECONOMIA

É difícil, dessa maneira, defender a ideia de que o Império tenha conhecido uma economia unificada. Mas tampouco se tratou de economias isoladas. Há vários indícios nesse sentido. A criação de uma moeda imperial, secundada por emissões locais, aumentou a monetização das trocas em todo o Império. Embora muitas leis e costumes locais tenham permanecido por alguns séculos, a legislação romana penetrou em todas as regiões, assim como a propriedade privada. Banqueiros e grandes proprietários conseguiam transferir suas riquezas de uma província à outra. Os proprietários mais ricos tinham terras por todo o Império.

O Estado imperial romano foi um dos grandes agentes desse processo de unificação. A divisão do Império em províncias criou bases tributárias distintas e reorganizou a administração do território imperial. Governadores vindos de Roma se assentavam em capitais provinciais, que se tornavam foco de atração para as populações locais – não apenas como centros de comércio, mas também como núcleos de poder e de distribuição de justiça. Algumas cidades passaram a reunir Conselhos provinciais, como em Treves, onde se reuniam os magnatas das províncias gaulesas para o culto imperial.

O Império estruturou-se, igualmente, por meio de grandes metrópoles, com mais de 250 mil habitantes: Atenas, Éfeso, Antioquia, Cartago e, sobretudo, Alexandria. Formavam polos regionais, centros de artesanato, de cultura e de comércio. A partir do século II d.C., Atenas voltou a competir com Alexandria na posição de cidade universitária e se tornou o centro do Pan-helênio – uma liga criada pelo imperador Adriano para reunir cidades de origem grega. Por esses instrumentos, o poder imperial incentivou uma verdadeira competição entre as cidades do Império. Embaixadores eram frequentemente levados a Roma, para pedir ou agradecer privilégios ou para reclamar contra sua retirada.

Muitos historiadores ressaltam, nos processos de unificação sob o Império, o papel da taxação e dos impostos. Com exceção da Itália até o século IV, todas as províncias pagavam impostos e, para uma parte da historiografia, esse era o verdadeiro vínculo que integrava o Império. Mas a taxação revertia, ao menos parcialmente, para as províncias, na forma de benefícios imperiais, sobretudo em obras públicas. Por outro lado, nos primeiros séculos do Império, os impostos eram cobrados essencialmente em moeda, o que estimulou, nas províncias, a produção e venda de produtos para o mercado. A própria moeda, como veremos, se tornou uma *commodity*, monopolizada pelo Estado.

De certa maneira, o Estado era o maior agente econômico do Império. E o maior incentivador e consumidor de *commodities*. Coletava e distribuía grandes volumes de produção agrícola e artesanal, direcionando-os

152 HISTÓRIA ANTIGA

para as metrópoles – em especial Roma – e para o exército. Foi assim com o trigo produzido no Egito – domínio exclusivo do imperador, embora a propriedade da terra fosse privada –, que incentivou a criação de uma frota específica de grandes comerciantes navais para seu transporte a Roma; mas também com a produção de azeite na Andaluzia – a antiga Bética –, que era transportado para Roma e para os exércitos.

Até hoje existe uma pequena montanha em Roma, o Monte Testaccio, constituído por restos de ânforas de azeite da Bética e, depois, do norte da África. Roma se tornou uma imensa cidade consumidora, com cerca de um milhão de habitantes. Era como uma síntese da produção imperial: tudo se podia encontrar na grande metrópole. Segundo Plínio, em sua *História Natural*, Roma era um resumo do mundo e havia levado a civilização – a *humanitas* – para todas as regiões conhecidas do planeta – a *oikumene*. Ao lermos autores enciclopédicos, como Plínio e o geógrafo grego Estrabão, percebemos como a instauração do Império conduziu, também, a um inventário do mundo – de seus povos, de seus costumes, de seus produtos. Em um processo que vinha de muito antes. Conhecer o mundo habitado era uma condição para dominá-lo e vice-versa.

O Estado romano, no entanto, raramente agia de modo direto, subcontratando a execução de trabalhos públicos: fossem templos, aquedutos – necessários para manter Roma e as grandes cidades – fortificações, termas, anfiteatros etc. Dessa forma, as riquezas estatais fluíam para a sociedade, mas sempre privilegiando os indivíduos ou grupos mais ricos, ao mesmo tempo que estimulava a criação de associações profissionais.

Roma era, igualmente, um centro de imigração, que reunia populações vindas de todas as regiões do Império. Era um cadinho de culturas distintas, de religiões diferentes. Era um centro de cultura e o centro simbólico, do qual emanava o poder que unificava tudo e que garantia a paz. Se pudéssemos apontar um fator, dentre muitos, que acelerou a integração do Mediterrâneo – e, agora, também de terras distantes, como o norte da Gália – seria a paz garantida pelo imperador único e por seu exército. Nesse sentido, mesmo que o crescimento anual da economia fosse baixo, para os padrões modernos, a pacificação de uma grande área possibilitou, ao longo dos séculos, um acúmulo consistente de trabalho humano, cada vez mais especializado, na forma de estruturas físicas, técnicas, objetos, contatos, instituições e, portanto, um aumento da produtividade do trabalho agregado a cada geração.

A intervenção estatal na economia parece ter sido importante também no artesanato, como na produção de armas e de utensílios – como a famosa cerâmica *sigilatta* – para os soldados. Mas não devemos esquecer uma das grandes obras do Estado romano – a construção e expansão de uma rede de estradas que cobriam todo o Império e que uniam as áreas costeiras àquelas mais interioranas. Embora sua função fosse principalmente militar, as estradas romanas estenderam a rede mediterrânica por todo o Império, facilitando enormemente a mobilidade de pessoas e produtos.

O próprio imperador e o Estado, cuja separação diminuiu ao longo do tempo, tornaram-se grandes proprietários de terras, por conta das confiscações contra seus adversários políticos. Desde o início do Império com Augusto, o fato de a casa imperial ser a mais rica de todas as casas ricas foi um fator de estabilidade. Não havia como concorrer com o imperador. As crises financeiras, que afetavam um Estado que não podia tomar empréstimos em um mercado aberto – e que era, pelo contrário, o emprestador em última instância –, incentivavam confiscos de grandes propriedades e a "desvalorização" da moeda imperial. Há dois exemplos significativos que mostram a influência do Estado na economia: em 33 d.C., após várias confiscações de adversários do imperador, houve uma crise de liquidez e endividamento em Roma, que só foi resolvida quando Tibério, então imperador, abriu os cofres do Estado. Sob Nero, após o incêndio de Roma em 64 d.C., o Estado "quebrou", o que pode ter contribuído para a queda do imperador. Houve várias quebras subsequentes do Estado imperial, como veremos mais adiante.

O IMPÉRIO MUDA PARA PERMANECER O QUE ERA: OS ANOS ESTÁVEIS

A partir do início do século II d.C. a base política do Império começou a se ampliar. O Senado foi, cada vez mais, ocupado pelos membros mais importantes das elites provinciais, principalmente gregos e norteafricanos. O estamento equestre passou a assumir, com frequência cada

154 HISTÓRIA ANTIGA

vez maior, postos na burocracia imperial, substituindo os libertos imperiais que haviam dominado no século anterior. O grande biógrafo Suetônio, que escreveu as célebres *Vidas dos doze Césares*, foi um deles. Com o imperador Trajano, o Império conheceu uma de suas últimas grandes expansões, atravessando o Danúbio e conquistando a Dácia, região rica em minas de ouro. A próxima e última expansão ocorreria 100 anos depois, com Septímio Severo, que estendeu as fronteiras orientais até o norte do rio Eufrates, na Mesopotâmia. Houve também avanços no deserto líbio, mas o Império tinha encontrado seus limites.

Além do rio Reno, pela própria organização fluida dos povos germânicos, não foi possível estabelecer uma dominação estável. Ou, ao menos, isso estava além das forças do Império. Os romanos aprenderam isso numa tragédia de grandes proporções, quando três legiões completas foram destruídas em 14 d.C. Com os germanos criou-se uma linha fortificada – o *limes* – e uma zona tampão, que não impediu, no entanto, as trocas entre os dois lados. A região do *limes* era particularmente rica, pois era ali que os soldados gastavam o soldo que recebiam do exército. Ao longo do tempo, assumiu características únicas dentro do Império. O mesmo, aliás, se aplica às regiões da Inglaterra dominadas pelos romanos.

No norte da África, o deserto funcionava como limite e era mais fácil conviver com populações seminômades, com as quais se comerciava, do que conquistá-las. No Oriente, a situação sempre foi diferente. Os descendentes dos persas, arsácidas e depois sassânidas, ou partas, dominavam seu próprio Império, tinham seu próprio mundo e sempre representaram um adversário formidável aos exércitos romanos. Eram uma clara fronteira militar e cultural, ao contrário dos exemplos anteriores. Mas isso não impediu que comerciantes romanos negociassem com a Índia – um dos tráficos mais lucrativos do Império – nem que se desenvolvesse a rota da seda, unindo a China ao Império Romano. Eram tráficos de luxo, de especiarias, conexões frágeis e difíceis, mas que teriam um grande papel séculos depois, nos inícios da chamada "História Moderna" da Europa.

O século II d.C. parece ter sido o auge, igualmente, do acordo entre Império, elites urbanas e populações citadinas. As estátuas e inscrições honoríficas, agradecendo as benfeitoras feitas pelos mais ricos, atingiram um nível sem precedentes. As cidades foram embelezadas com grandes avenidas colunadas. Muitas das comodidades "romanas", como aquedutos e fontes, grandes termas públicas, teatros e anfiteatros se difundiram pelo Império. Mesmo em regiões de cultura mais helenizada, os combates de gladiadores atraíam multidões. No Oriente, consolidou-se uma das mais poderosas associações de trabalhadores do Império: a dos dionisíacos – atletas e atores que percorriam o amplo circuito das competições e festas gregas.

Em todas as cidades do Império, por outra parte, se multiplicaram e se fortaleceram associações profissionais e religiosas, de centenas de especialidades de trabalhadores. Reuniam patronos ricos, trabalhadores livres, escravos e libertos em torno de rituais comuns e da garantia de um enterro decente para seus membros. Formavam comunidades específicas dentro das cidades e garantiam sua vitalidade.

Os libertos merecem uma menção especial na sociedade do Império nestes primeiros séculos. Sabemos que o estatuto do escravo variou muito ao longo do Mediterrâneo antigo. Na Judeia, por exemplo, como em outras regiões, o estatuto de escravo não era vitalício. Na maioria das cidades gregas, um escravo libertado tornava-se um estrangeiro domiciliado – um meteco. Na Roma republicana, pelo contrário, podia tornar-se livre e cidadão.

O Império impôs certos limites à libertação de escravos e estabeleceu categorias entre eles. Mas tornar-se liberto permaneceu uma das principais formas de ascensão social. A documentação dos dois primeiros séculos do Império enfatiza essa realidade, em especial dos libertos imperiais, que formaram a primeira burocracia do Estado. Os libertos tornaram-se, igualmente, os principais gestores das propriedades dos cidadãos mais ricos. Como vimos, Augusto concedeu a eles honras religiosas especiais, ligadas ao culto imperial. Boa parte do comércio e da produção artesanal, ao menos na Itália e no Mediterrâneo ocidental, estava em suas mãos, diretamente ou representando os interesses de seus ex-senhores.

Os libertos foram, por dois séculos ao menos, um elemento de ascensão social, de alívio nas tensões sociais e de empreendedorismo, sobretudo no centro do poder. Mas enfrentaram forte oposição das elites dominantes. Essa rejeição aos novos ricos e poderosos é visível nas páginas do historiador romano Tácito e foi um dos conflitos mais agudos no centro do poder, Roma, no primeiro século do Império. Seu mundo aparece em inúmeras inscrições funerárias e, de forma irônica, no mais célebre romance da época, o *Satyricon*, de Petrônio, na personagem do rico liberto Trimalcião, que esbanjava sua riqueza em banquetes por demais suntuosos, mas que não possuía lustro social. Trimalcião se orgulhava de sua posição de liberto e de rico e definia um homem pela riqueza que possuía: "se tens um centavo, vales um centavo". Quando alguém mencionou a palavra "pobre" em seu banquete, perguntou: o que é isso?

No início do século III d.C., por uma lei do imperador Caracala, todos os habitantes livres do Império, ou quase, se tornaram cidadãos romanos. A lei romana, pouco a pouco, se tornou o princípio da ordem por todo o Império. A cidadania, na verdade, perdera muito de seu valor e a legislação passou a diferenciar os cidadãos entre *honestiores* – os mais honestos, os mais ricos, os de maior *status* – e os *humiliores* – os pobres, ou aqueles sem honras públicas. A riqueza e o prestígio social se fixaram como os critérios da ordenação da vida. Um *humilior* podia ser submetido à tortura física – um *honestior* tinha a integridade de seu corpo preservada. As diferenças sociais de riqueza e prestígio se acentuariam ainda mais nos séculos seguintes. A antiga distinção entre liberdade e escravidão, projetada no espaço imenso do Império, havia perdido muito de seu significado e de sua clareza.

Não conhecemos, com precisão, a extensão da escravidão no mundo imperial. Ela parece ter sido mais intensa no Mediterrâneo do que nas áreas mais internas. Os escravos eram obtidos além das fronteiras, mas temos informações de homens livres que, por sua pobreza, vendiam a si mesmos – até como gladiadores – ou a seus filhos. A persistência da escravidão mostra bem as fronteiras sociais impostas pela ordem imperial, mesmo que originárias do mundo das cidades.

Em outras regiões, como a Gália e o Egito, não há muitas fontes que atestem um uso extensivo ou intensivo da mão de obra escrava. Isso implica a existência, muito difícil de documentar, de trabalhadores dependentes ou mesmo livres: na construção civil, no artesanato e no setor de serviços. Trabalhadores livres também são atestados na agricultura, sobretudo na época da colheita. Escravos eram empregados na produção quando havia necessidade de intensificar e controlar a exploração do trabalho – como na exploração de minas ou na agricultura intensiva, como a produção de vinho. De qualquer modo, a posse de uns poucos escravos, para o serviço da casa ou como ajudantes gerais, parece ter sido comum.

O IMPÉRIO INTEGRAVA SUAS POPULAÇÕES?

É difícil fazer um balanço do grau de integração atingido pelo Império Romano. Não existe uma escala que permita medições ou comparações com outras regiões. Qualquer comparação deve ser feita com a história da própria região. No que diz respeito às comunidades ao longo do Mediterrâneo e além, parece claro que suas fronteiras internas se alteraram e que aquelas externas se ampliaram enormemente. Não apenas aumentaram, mas também se tornaram mais complexas.

Talvez possamos ilustrar melhor essa complexidade por meio de um personagem bem conhecido: o apóstolo Paulo, tal como aparece nos Atos de Lucas e em suas cartas. Paulo era cidadão de Tarso, uma pequena cidade, muito antiga, que era a capital provincial da Cilícia. Mas Paulo era também judeu, membro de uma etnia que se reproduzia por laços familiares e pela aderência a uma religião, cujo templo se encontrava distante, em Jerusalém. Era um judeu da diáspora. Entre os judeus, Paulo pertencia a uma comunidade específica, a tribo de Benjamim. Além disso, era do grupo dos fariseus, que eram especialmente rigorosos com a observância de certos ritos e costumes.

Numa viagem para Damasco, Paulo se tornou cristão e, entre os cristãos, apóstolo. Nessa condição, assumiu, após conflitos internos em Jerusalém e Antioquia, a identidade de apóstolo dos não judeus e viajou, por terra e por mar, por boa parte do Mediterrâneo oriental. Foi a Chipre, à Panfília, passou pela Capadócia, pelo centro da Anatólia, e morou em Éfeso, onde foi confrontado pelos artesãos locais, escapando apenas pelo medo geral de uma intervenção do poder romano. Muitas vezes estabeleceu-se com o apoio das comunidades judaicas locais.

158 HISTÓRIA ANTIGA

Morou na cidade de Felipe, visitou a Macedônia e a Acaia e, segundo os Atos, passou por Corinto, capital provincial, onde exerceu outra de suas identidades – a de artesão. Chegou a Atenas e discutiu com os filósofos da cidade. Passou também por Mileto, Rodes, Tiro, Cesareia, Jerusalém novamente e outras cidades. Ao ser perseguido em Jerusalém, refugiou-se em Cesareia, onde foi preso. Fez, então, uso de sua identidade de cidadão romano, que também possuía, e de seu conhecimento da língua grega, para não ser espancado e executado. Para ser julgado, atravessou todo o Mediterrâneo, com uma escala em Malta, após um naufrágio, tendo vivido em Roma com amigos e fiéis. Suas cartas mostram um amplo círculo de relações e de influências em Roma e no Mediterrâneo oriental. Muitos desses relatos podem ter sido inventados, sem dúvida. O ponto central é: teria sido a carreira de Paulo possível ou verossímil 500 anos antes? A resposta é simples: não. O Império Romano possibilitava uma mobilidade de pessoas e sua reintegração em comunidades locais numa extensão inédita no Mediterrâneo.

Poderíamos multiplicar exemplos como o de Paulo – a existência de uma comunidade de comerciantes sírios na cidade de Lyons, no centro das Gálias, é um dentre outros. Uma escola de filósofos gregos em Roma, ao redor de Plotino, também é. Mas não é necessário acumular casos. O Império, embora fundado nas cidades, abriu suas fronteiras internas e permitiu uma circulação mais intensa de pessoas, de credos, de objetos, de influências culturais. Mesmo que alguns historiadores afirmem que não se tornou cada vez mais unificado – do que discordamos – tornou mais intensas as trocas culturais e os diálogos entre culturas diversas. De um ponto de vista mais amplo, facilitou as trocas em geral – familiares, econômicas, religiosas e culturais.

O Império, contudo, nunca foi um todo homogêneo. Era possível ser romano de várias maneiras em toda a sua extensão territorial. Isso valia para a religião, para aspectos da cultura material – como habitações, vestuários, modos de enterramento –, ou para a língua do dia a dia. Em certo sentido, o Império Romano era uma grande articulação de diferenças, com caráter elitista, hierárquico e centralizador. Mas podemos notar traços em comum, que parecem contraditórios: um grande aumento no consumo de objetos, mesmo entre os mais pobres, e uma crescente preocupação com a dimensão não terrena da vida. Embora seja um ponto polêmico, podemos supor que a desvalorização da vida comunitária e da ação humana conduzia as pessoas a outras buscas de sentido para a existência.

A MUDANÇA SE IMPÕE

Essa articulação passou por grandes choques: a peste, que durou de 165 a 180 d.C. e dizimou uma parcela da população do Império que não podemos calcular; as invasões germânicas no Danúbio e no Reno, no reinado de Marco Aurélio; e o ressurgimento de um grande império no Oriente: os partas ou sassânidas, descendentes dos persas, em 224 d.C. Eram populações que não haviam sido, ou não podiam ser, integradas à ordem romana.

O século III d.C. foi marcado pela pressão constante nas fronteiras, sobretudo na oriental, e pela instabilidade política no centro do Império. Após a dinastia dos Severos, que tomara o poder na guerra civil de 193 d.C. e que se extinguira em 235 d.C., o Império conheceu uma sucessão de imperadores frágeis e chegou mesmo a ser dividido em três reinados: na Itália, nas Gálias e no Oriente. O Senado perdeu gradativamente seu poder, assim como a cidade de Roma. Até o século IV d.C., sem dúvida, Roma permaneceu como a capital do Império: sua plebe teve seus benefícios aumentados e foi cercada pela muralha de Aureliano, uma das maiores construções do mundo antigo.

Mas o grande beneficiário dos distúrbios do século III foram os exércitos. O soldo aumentou constantemente, desde Septímio Severo, ao mesmo tempo que a moeda imperial perdia seu conteúdo de prata. Segundo o historiador Dion Cássio, contemporâneo aos eventos, Septímio teria dito a seus sucessores, Caracala e Geta, que se preocupassem com o exército e se esquecessem do resto. O soldo foi, de fato, aumentado, mas Roma e as cidades do norte da África, de onde Septímio provinha, receberam inúmeros benefícios imperiais. Para atender às crescentes despesas com as guerras internas e externas e com os pagamentos aos militares, a moeda romana foi perdendo seu conteúdo metálico, até transformar-se, na prática, numa moeda fiduciária.

A crise política do século III, que abalou todas as fronteiras do Império, tanto externas como internas, não significou necessariamente uma crise econômica. Algumas regiões, pelo contrário, como o norte da África e a Síria, conheceram um verdadeiro florescimento, que duraria pelos séculos a seguir. A cerâmica de mesa norte-africana, chamada de *sigillata C*, tornou-se uma verdadeira *commodity*, assim como a exportação de azeite africano.

Apesar de ser um período crucial na história imperial, o século III nos é mal conhecido. As obras literárias que nos chegaram por meio da tradição são poucas e o hábito epigráfico, que nos dava tantas informações nos séculos anteriores, entrou em declínio. As fontes cristãs de que dispomos, no entanto, mostram uma crescente interação com outras correntes filosóficas e religiosas do Império. A despeito de algumas perseguições pontuais – a mais sistemática e séria foi a dos imperadores Décio e Valeriano, em 250 d.C. – a oposição entre cristianismo e ordem imperial parece ter se atenuado ao longo do século, na mesma medida em que aumentou a participação, entre os fiéis, de membros de todas as classes sociais, inclusive das elites.

SUGESTÕES DE LEITURA

POTTER, D. S. (org.). *A Companion to the Roman Empire*. Oxford: Blackwell, 2006.
    Obra coletiva e de referência sobre o Império Romano, com análise bibliográfica atualizada e ampla cobertura dos temas mais relevantes.

ROSTOVTZEFF, M. *The Social and Economic History of the Roman Empire*. 2. ed. Oxford: Clarendon, 1979.
    O grande clássico do século XX sobre a economia do Império Romano. Foi a primeira obra de um historiador da Antiguidade a empregar de modo consistente a documentação arqueológica.

SILVA, Gilvan Ventura da; MENDES, Norma Musco (orgs.). *Repensando o Império Romano:* perspectiva socioeconômica, política e cultural. Rio de Janeiro/Vitória: Mauad/Edufes, 2006.
    Obra de especialistas brasileiros sobre os diferentes aspectos do Império Romano: de sua economia a suas variadas faces culturais.

Antiguidade Tardia

Os séculos IV e V são muito mais bem documentados. Há mesmo uma explosão de evidências. É um período que os historiadores chamavam, antigamente, de "Baixo Império". Hoje em dia, impôs-se a denominação de "Antiguidade Tardia", que é muito mais ampla e fluida. É uma época de grandes transformações, a começar por uma reforma radical do Estado e de suas relações com a sociedade.

"Antiguidade Tardia" é uma forma relativamente nova, que alterou as balizas tradicionais da História Antiga. Começou a se desenvolver no início do século XX, com os estudos sobre História da Arte do alemão Alois Riegel e vários outros autores, mas só alcançou o estatuto de ortodoxia nos últimos trinta anos, sobretudo após a publicação do livro *O mundo da Antiguidade Tardia*,

162 HISTÓRIA ANTIGA

do norte-americano Peter Brown, em 1976. Seus resultados foram uma ampliação das balizas cronológicas tradicionais para o "mundo antigo", que hoje se estendem até, pelos menos, o século VII. Mas, acima de tudo, foi uma mudança de perspectiva: as formas de integração culturais, sobremaneira aquelas religiosas, passaram a receber uma ênfase maior. O resultado foi, igualmente, uma ampliação espacial. Para algumas vertentes, a "Antiguidade Tardia" englobaria, pela primeira vez na narrativa histórica, um espaço que iria da Europa atlântica e da Europa central aos confins da Índia – e mesmo além.

Duas realidades passaram a se confrontar nessa nova forma. Uma delas foi a transformação do Estado Imperial Romano, sua crescente centralização, a formação de uma nova burocracia e a preponderância do exército. Para essa vertente, focada na crise do poder imperial, na perda da autonomia das cidades e na nova força na corte, desvinculada de uma base territorial, os séculos IV e V representaram uma verdadeira ruptura com as instituições imperiais anteriores, e as perdas de regiões da Gália, da Espanha e do norte da África mudaram substancialmente as formas de integração do Império. Mas mesmo para historiadores que privilegiam a esfera política como fronteira principal da integração, a perspectiva mudou. Não que haja consensos. Muitos historiadores ainda reafirmam a queda do Império no Ocidente como marco crucial. Mas a maioria tende hoje a ver a penetração de povos além fronteira, antigamente chamados de bárbaros, como uma nova fase de um processo de integração mais amplo e menos destrutivo, segundo a qual o poder imperial não caiu, mas se reorganizou em unidades políticas menores e interdependentes.

Para a segunda corrente, a Antiguidade Tardia representou uma ampliação notável dos pressupostos e do trabalho morto acumulado pelas gerações anteriores. É uma perspectiva que se apoia menos nos eventos políticos. Privilegia, antes de tudo, as transformações culturais e religiosas. A expansão do cristianismo, incentivado pelo Estado romano, a imposição progressiva de um culto monoteísta, a importância crescente da Igreja e do monasticismo representaram uma ampliação da integração cultural que uniu, pela primeira vez, os povos "bárbaros" além Reno às regiões a leste do Império, como a Pérsia e a península arábica. Cultura, trocas de bens, migrações de povos se dissociaram por alguns séculos, levando o Mediterrâneo a perder, ao poucos, a centralidade que ocupara no Império anterior. A narrativa se torna, assim, ainda mais complexa. As duas visões não são antagônicas, mas representam ênfases diferentes. Uma privilegia a integração política e territorial, a outra, as formas de integração que independem da unidade política. De qualquer maneira, a partir do século IV d.C., entramos em um novo mundo, no qual há uma reformulação radical das fronteiras ao redor do Mediterrâneo. Começamos pelas mudanças no centro do poder.

A reforma do Estado foi iniciada pelo imperador Diocleciano em 284 d.C. – mais conhecido pela "grande perseguição" aos cristãos e maniqueus, iniciada em 303 d.C. O objetivo era eliminar o clero e queimar os livros sagrados de ambas as religiões, mas sua extensão foi restrita. Diocleciano reforçou certas tendências que já vinham se consolidando nas décadas anteriores. O Império foi dividido em quatro áreas distintas e o poder imperial passou, definitivamente, para a mão dos militares e da burocracia. Para tentar reorganizar as trocas econômicas, um sinal de que o Império se encaminhava para uma economia unificada, Diocleciano fez publicar o famoso Edito sobre os preços, que fixava o valor máximo de milhares de produtos. Conhecemos o Edito por fragmentos de inscrições e sabemos que não obteve sucesso. Mas talvez seja interessante saber que um dos preços máximos do Edito, cerca de 400 gramas de seda tingida na cor púrpura, equivalia ao preço de um leão.

A perseguição aos cristãos foi anulada pelo famoso "Edito de Milão", promulgado por seu sucessor Constantino, que reunificou o Império, mas manteve a divisão administrativa entre Império ocidental e oriental. Seu reinado foi um marco em vários sentidos. Fundou uma nova capital, Constantinopla, no estreito do Bósforo, que seria a Nova Roma do Oriente. Com relação aos cristãos, não apenas autorizou o culto, mas também o apoiou fortemente, doando terras e riquezas e retirando, dos templos não cristãos, quase toda subvenção estatal. No Concílio que conclamou em Niceia produziu-se um credo, a trindade, que se tornaria a base da ortodoxia

164 HISTÓRIA ANTIGA

do Império – e fonte de grandes conflitos na Igreja. Quanto a Roma, não voltaria mais a ser a sede do Império, a não ser simbolicamente. Mas não deixaria de ser, nos séculos seguintes, a sede do papado.

NOVA ORDEM, NOVAS INTEGRAÇÕES

Foi no século IV, igualmente, que se formou uma burocracia sólida, organizada como o exército, seguindo processos de formação de pessoal e, em parte, ao menos, independente dos grandes senhores de terra. O território do Império foi reorganizado em unidades menores e a própria Itália virou uma província. A necessidade de financiar um exército cada vez maior aumentou a pressão por novas taxas e impostos, que afligiam sobretudo os cidadãos com menos recursos e menos capazes de fugir do fisco. Críticas aos impostos excessivos e à existência de grandes fortunas aparecem em inúmeras fontes do século IV. Isso reduziu a capacidade e o poder das elites locais, que viram seu poder diminuído, ou ao menos, compartilhado pelos grandes senhores do serviço imperial. Muitos historiadores apontam para uma crise dos Senados locais, citadinos, na medida em que os mais ricos eram cooptados pela burocracia do Império e obtinham isenções de impostos.

A partir de Constantino, além disso, o ouro se tornou o metal de referência, sem sofrer desvalorizações. Enquanto a moeda emitida pelo governo, com cada vez menos metal – a prata – se desvalorizou enormemente ao longo do século, os possuidores de ouro, ou seja, aqueles mais ricos, mantiveram seu poder de compra e sua riqueza. Esse é um tema muito debatido. O século IV viu as riquezas de alguns senhores privados crescerem de modo extraordinário: a Arqueologia nos mostra, por exemplo nas Gálias, o crescimento e o luxo das grandes mansões senhoriais. Por outro lado, a moeda fiduciária alcançou extensões inéditas.

É quase um lugar-comum afirmar que a economia reverteu para uma base natural, com a diminuição das trocas mercantis e com a cobrança cada vez maior de tributos em espécie. Há certa verdade nesse raciocínio, mas a expansão da moeda fiduciária apresenta um contra-argumento importante. Nunca se havia empregado tanta moeda no Império, mesmo em

ANTIGUIDADE TARDIA **165**

regiões onde ela tinha sido rara. E um fato particular deve ser notado: o Império estendeu, para todos os seus territórios, o princípio da propriedade privada. Em termos econômicos, esse foi provavelmente o grande feito de um poder comum.

Em um império que nunca fora uma unidade econômica perfeita, vale a pena ressaltar a prosperidade de algumas regiões. O norte da África conheceu um amplo florescimento, que se expandiu das áreas urbanas para as aldeias de camponeses que, segundo as evidências arqueológicas, se tornaram também consumidores de produtos artesanais. Cartago reassumiu sua posição de grande centro urbano. Foi um dos difusores do cristianismo no Ocidente e sua elite possuía fortes ligações com as elites da Itália. O norte da África, além disso, alimentava com seu trigo a população de Roma. Mesmo após a invasão vândala, em meados do século V, a África continuaria uma região rica e conectada, ao menos até as invasões islâmicas.

A mesma prosperidade aparece em um contexto completamente distinto: o das aldeias do Levante e da Síria. Embora o sistema social, com sua organização familiar – e não política – tenha se mantido inalterado, como sugerem as evidências arqueológicas, e apesar de podermos supor que muitas dependiam das cidades vizinhas, elas floresceram a partir do século IV, produzindo, sobretudo, azeite. Por outro lado, se Itália e Roma parecem ter empobrecido, outras metrópoles, como Alexandria, Antioquia e Constantinopla, se tornaram centros de grande atividade artesanal, comercial e cultural.

Um aspecto que precisa ser ressaltado é o da identidade comum. Apesar de línguas locais se manterem vivas, como sabemos ser o caso do púnico, no norte da África, graças aos escritos de Agostinho, ou do egípcio, no sul do vale do Nilo, que conhecemos por seus escritos cristãos em copta – um desenvolvimento da antiga língua do Egito –, todos os habitantes do Império se consideravam romanos, por oposição aos novos persas ou aos germânicos além o Reno e do Danúbio.

Ao longo do século IV e, em especial do V, ocorreu uma progressiva cristianização da cultura, tanto nos livros escritos quanto no ensino escolar. O imperador Juliano, chamado de o apóstata, tentou em vão lutar contra esse processo em seu breve reinado, proibindo os cristãos de ensinarem

166 HISTÓRIA ANTIGA

nas escolas. O resultado da cristianização foi a progressiva mudança de referências da tradição escrita, com a substituição, ao menos em parte, dos velhos clássicos não cristãos, como Homero e Virgílio, por textos do Antigo e do Novo Testamentos. Essa mudança teve um impacto muito grande na sobrevivência dos livros antigos.

Nas cidades, por outro lado, as igrejas começaram, aos poucos, a assumir papéis que antes eram cívicos: a proteção aos mais pobres – muito mais ampla do que a que era oferecida antes –, a oratória pública, a defesa contra os inimigos. As igrejas se tornaram os centros de reunião das comunidades. Esse processo é mais visível no século V, depois que Teodósio, em 381 d.C., proibiu os cultos não cristãos – que foram perseguidos e tiveram seus templos destruídos, dessacralizados ou transformados em igrejas. O episódio mais dramático, entre muitos, foi a destruição do Serapeum, em Alexandria: templo de um deus, Serapis, que havia simbolizado a união entre macedônios, gregos e egípcios.

Não se deve pensar, contudo, que a igreja fosse, nos séculos IV e V, ou mesmo depois, um corpo unitário. Sua própria união com o Estado foi alvo de muitos debates e conflitos. Constâncio II, filho de Constantino e o imperador mais longevo do século IV, era, por exemplo, seguidor dos arianos, que defendiam que Jesus era uma criatura de deus, mas não deus. Não havia uma ortodoxia e sim um amplo leque de crenças assemelhadas, muitas delas de origem neoplatônica ou gnóstica, que competiam entre si.

Um dos movimentos mais interessantes dentro desse cristianismo ainda hesitante em suas relações com o poder foi o monástico. Houve várias versões do monasticismo. A mais radical que conhecemos ocorreu no Egito, no deserto ocidental do vale do Nilo. Em certa medida, é a versão religiosa de um antigo costume egípcio: fugir das terras férteis para escapar à exploração dos proprietários e dos impostos. Em Nítria, no deserto ocidental, reuniram-se "monges" isolados, cuja história é contada por Paládio e outras fontes, para viver uma vida de pobreza e reclusão. Levaram os princípios do cristianismo às últimas consequências, fugindo do mundo.

O elogio da pobreza, que também marcou os monges do Oriente, em Odessa e na Síria, estendeu-se rapidamente pelo Ocidente, através de

ANTIGUIDADE TARDIA *167*

relatos e de livros. Santo Antônio, cuja vida foi redigida pelo primaz de Alexandria, Atanásio, foi o patrono do movimento monástico. A igreja, enriquecida por doações imperiais e de particulares, iniciava uma longa disputa com o monasticismo. Tratava-se, no fim das contas, de um império que se baseava na riqueza extraordinária de uns poucos.

Mas não devemos exagerar a extensão e a importância social dos monges. Ela não teve grande amplitude, embora seu impacto moral não possa ser minimizado. Os monges eram críticos diretos ou indiretos das riquezas e do luxo produzidos pelo Império. Mais importante, talvez, é tentar entender como o século IV, que parece ter conhecido a máxima integração do Império – em termos identitários, monetários e legais –, antecedeu de pouco sua redução e a transformação de sua metade ocidental.

Como vimos, todos os habitantes do Império aos quais temos acesso através da documentação consideravam-se romanos. As moedas, emitidas exclusivamente pela casa imperial, espalhavam-se por todo o território. A administração, finalmente, era uniforme e o mesmo direito valia para todos, ainda que nem todos fossem iguais perante a ele. Mas havia muitos pontos internos de tensão, sobretudo entre a crescente administração central e as elites municipais, tanto no que se refere à administração quanto à cobrança de impostos. A própria formação do Senado de Constantinopla havia esvaziado muitos conselhos locais. A tensão entre o local e o geral aumentou acentuadamente no século IV.

TENSÕES

O imperador com sua corte, muitas vezes itinerante, se tornara um governante cada vez mais distante de seus súditos. Os rituais da corte assumiram proporções "orientais", para usar a linguagem dos contemporâneos. Um orador e bispo do final do século IV, Sinésio de Cirene, descreve mesmo o imperador Arcádio como uma estátua coberta de joias, imóvel, incapaz de agir. Alguém muito distante do mundo das cidades. Um imperador quase inacessível, a não ser por subornos aos membros da corte. Esta última tornou-se um foco de agitação por si mesma, em uma escala que

168 HISTÓRIA ANTIGA

o Império não conhecera até então. Tornou-se o polo de todas as redes e, como tal, revelou-se ineficaz.

Outro foco de conflitos foi provocado pela própria implantação progressiva de um único credo com o apoio do Estado. Nunca houve tanta perseguição aos cristãos quanto a partir do século IV, desta vez feita por eles mesmos. Os exemplos são inúmeros. No norte da África, aqueles que haviam resistido à perseguição de Diocleciano, os chamados donatistas, enfrentaram os católicos, não apenas pela fé, mas também pela propriedade de igrejas, posses materiais e terras. O imperador Constâncio II, que era de credo ariano, perseguiu os católicos. No Oriente, os credos cristãos se multiplicaram e os católicos tinham grande dificuldade em combater os monofisistas, que defendiam que Deus e Jesus tinham a mesma natureza.

Os patriarcas de Alexandria, Antioquia e Constantinopla lutavam pela primazia, às vezes com violência. A corte imperial, que acabou por instalar-se em Constantinopla, após a morte de Teodósio I, distanciava-se cada vez mais da população. As disputas entre os dois descendentes de Teodósio, Arcádio no Oriente e Honório no Ocidente, enfraqueceram ainda mais o poder imperial.

Uma data crucial talvez seja 378 d.C., quando o imperador Valente foi derrotado pelos visigodos em Adrianópolis. Até então, o exército romano havia feito largo uso de soldados "não romanos", assentando-os no Império e empregando-os em suas guerras. Isso se devia às dificuldades de recrutamento interno: os camponeses eram cada vez mais necessários para cultivar as terras e pagar os impostos.

A partir de 380, no entanto, o Império foi obrigado a conviver com uma população estrangeira independente em seu próprio território. As rebeliões dos visigodos levaram ao saque de Roma em 410 d.C. e à ocupação de vastas áreas na Gália. Em 405 ou 406 d.C., vários outros grupos cruzaram o Reno, conduzidos por vândalos, suevos e alanos. Embora a língua comum – o latim – e os princípios legais e administrativos romanos não desaparecessem, o controle central sobre essas áreas, incluindo a península ibérica e, anos depois, o norte da África, perdeu-se para sempre. Esse período de tumulto parece, na verdade, ter contribuído para a redistribuição da propriedade rural. Grandes senhores, que possuíam terras em toda a extensão do Império, perderam esse direito essencial para sua classe, que apenas integração política lhes assegurava, como mostra o *Eucarístico* de Paulino de Pela, um longo lamento sobre o crescente empobrecimento de seu autor, um antigo aristocrata da região de Bordeaux.

O século V foi também, no Ocidente, um período de revoltas rurais, que conhecemos mal. Na península ibérica e nas Gálias, as fontes mencionam sucessivas rebeliões de *bagaudae* contra seus senhores. Curiosamente, esse é também um período de esplendor das grandes edificações rurais e de poetas e literatos gauleses como Ausônio ou Rutílio Namaciano. Salviano, um clérigo de Marselha, nos expõe em cores retóricas os males de seu tempo: os ricos são piores que os escravos e fugitivos. É sua dureza e cobiça que leva os pobres a se unir às *bagaudae* ou pedir abrigo entre os bárbaros. Por toda a parte, os impostos acumulam-se sobre os necessitados, enquanto os ricos escapam deles (*Sobre o governo de Deus*).

A questão da unidade do mundo rural desse período é uma das mais difíceis para o historiador. Conhecemos os camponeses, sobretudo, pela legislação fiscal. Não parece ter havido um estatuto único. Muitos, ainda, através do Império, eram pequenos e médios camponeses. Outros, como na Síria e no norte da África, viviam em aldeias. Alguns camponeses estavam sob o controle de *possessores*, uma categoria jurídica diferente da das cidades, o que nos faz pensar que eram arrendatários de grandes senhores.

Mas a legislação compilada por Teodósio II em 438 d.C., o Código Teodosiano, que reunia decretos de imperadores anteriores, menciona repetidamente os colonos (*coloni*), por vezes, de modo bem rígido: há um decreto, por exemplo, onde se ordena que estes, se pensam em fugir de suas terras, devem ser acorrentados como escravos, para que cumpram suas obrigações como livres, por meio de condenações próprias a escravos. A despeito das inúmeras interpretações sobre o colonato – que teria sido um antecessor do servo feudal – o mais provável é que a preocupação imperial fosse com o pagamento de impostos. De qualquer maneira, os textos mostram certa homogeneidade na condição rural a partir do século IV e um agravamento constante do peso dos impostos sobre os agricultores e sobre a sociedade do Império em geral.

170 HISTÓRIA ANTIGA

Dentre as várias migrações de povos, as imigrações dos vândalos, sob cujo nome se reuniam várias populações, tiveram um papel especial. Ao tomarem Cartago, no norte da África, atingiram dois grandes centros de integração: o norte da África e a própria Roma, que sobrevivia pelo trigo importado da região. Isso não significou, de imediato, uma ruptura de contatos, mas a própria rede de conexões se alterou. Ela deixou de basear-se no poder e na unidade política, para reconstruir-se como jogos de interesses entre regiões distintas. Com essas mudanças, Roma perdeu, progressivamente, sua posição de metrópole.

DESINTEGRAÇÃO OU REINTEGRAÇÕES

O período entre os séculos IV e VII é hoje em dia denominado, como vimos, Antiguidade Tardia. A tendência é ver mais continuidades que rupturas nesses séculos. Há bons motivos a favor dessa visão. O Império Romano manteve-se firme no Oriente e chegou mesmo a reconquistar territórios no Ocidente, sob o governo de Justiniano. As cidades, no Oriente e mesmo no Ocidente, mantiveram muitas de suas características mais "antigas" e mudaram lentamente. O cristianismo ofereceu uma base cultural comum a todo o Império e para além dele (embora muitas das antigas crenças não tivessem desaparecido). A introdução de novos povos e poderes no Ocidente pode ser vista como um novo fenômeno de integração, na medida em que a fronteira da "barbárie" foi rompida e novos processos de assimilação cultural entraram em jogo.

O Mediterrâneo e suas cidades continuaram como um espaço ativo de trocas, mesmo após a conquista de sua parte meridional, no século VII, pelos árabes. Isso significa que o trabalho acumulado pelas gerações anteriores não se perdeu. Não houve qualquer regressão a um período "primitivo". As relações entre as comunidades locais e aquelas mais distantes não desapareceram por completo, nem as interconexões e as redes que definimos como critérios para "integração". Mas é verdade que os polos dessas redes mudaram de lugar, que o comércio com as terras internas, de um ponto de vista mediterrânico, tornou-se mais difícil. E talvez, o mais importante de tudo, que a perda da paz tornou as relações a distância muito mais complicadas.

ANTIGUIDADE TARDIA **171**

A partir do século V podemos falar de novas redes e de novos caminhos de integração. Já ressaltamos que os processos de integração conhecem altos e baixos. Em termos gerais, mas não de modo absoluto, podemos considerar os séculos V e VI como um momento de abatimento geral.

O trabalho acumulado não se perdeu. Pelo contrário, sem ele não podemos entender os desenvolvimentos posteriores desta parte do mundo. Não há uma data fixa, ou um período bem determinado, para falarmos de fim da História Antiga. Em certo sentido, difícil de determinar, o processo de integração se ampliou. Mesmo que certas áreas tenham diminuído a intensidade dos fluxos mediterrânicos de bens, como as Gálias e a Hispânia, outras se mantiveram ativas e floresceram, como o Levante e Constantinopla. Mais a leste, no Império Persa, ou na península arábica, o trabalho acumulado pelas gerações anteriores foi reapropriado. Foi, assim, a base para a construção de novos impérios. Não é possível entender o desenvolvimento posterior da Europa, dos países islâmicos e da Eurásia como um todo, sem levar em conta o que fora construído séculos antes. Não apenas em termos de invenções, ou de esforços humanos concretizados em saber, tecnologia e obras concretas, mas também na rede adensada de relações que a chamada Antiguidade legou às gerações posteriores.

Mas parece que, após o século V, deve-se começar a pensar a narrativa histórica a partir de outros ângulos, mais amplos, que incluam o norte da Europa e o Oriente na narrativa. A "História Medieval", que aprendemos na escola, não é, de modo algum, a continuação da "História Antiga". É, na verdade, um enfoque muito particular, também centrado na ideia de civilização ocidental. Os recortes estabelecidos pela especialização dos historiadores e arqueólogos, bem como as formas que ainda dominam a disciplinam, são obstáculos a serem vencidos pelas próximas gerações de historiadores. E assim, de modo arbitrário, mas consciente, terminamos esta narrativa.

SUGESTÕES DE LEITURA

Brown, P. *O fim do mundo clássico:* de Marco Aurélio a Maomé. Lisboa: Verbo, 1972.
Obra fundamental. Um dos grandes clássicos da área de História Antiga no século XX que, com o conceito de Antiguidade Tardia, procura construir uma nova ponte entre a Antiguidade Clássica e o mundo moderno.

Jones, A. H. M. *The Later Roman Empire:* 284-602. Oxford: OUP, 1964.
O grande clássico e a principal obra de referência sobre o fim do Império Romano e a Antiguidade Tardia.

Rousseau, P. (org.). *A Companion to Late Antiquity.* Oxford: Blackwell, 2009.
Livro coletivo, com caráter didático, que reúne especialistas em torno dos grandes temas sobre a Antiguidade Tardia.

Conclusão

Ao longo deste livro, vimos que a História é uma disciplina científica que se baseia em evidências empíricas e em teorias explícitas para interpretá-las e para construir uma memória sobre o passado capaz de ser discutida em termos racionais. Como toda ciência, a História tem também seus limites: nem sempre o passado que gostaríamos de conhecer deixou vestígios documentáveis e as teorias históricas não são verdades absolutas, mas propostas de organização do passado que mudam com o tempo. Os limites mais importantes, no entanto, são aqueles dos quais não temos consciência. É o caso das grandes formas, como a História Antiga e outras. Elas possuem um acentuado caráter ideológico, que é preciso reconhecer e criticar.

Mas a crítica, por si só, não basta. É preciso reescrever essa história de um modo que faça sentido ao presente e que seja explícito. Para isso, o historiador dispõe de alguns instrumentos: um espaço, um tempo e uma pergunta, ou um conjunto de questões. Esses três elementos podem ser articulados de maneira a se olhar para um passado, aparentemente já bem conhecido, de uma maneira radicalmente nova – e mais interessante. Embora não se possa mais considerar a "História Antiga" como o início de uma História Universal, as realizações humanas que se acumularam nesse pedaço do globo são fundamentais para entendermos como o mundo contemporâneo se tornou possível. Tão fundamentais quanto as realizações de outras partes do planeta, cujas Histórias vemos hoje confluindo para uma História comum. Esta última, por sua vez, só nos é visível porque estamos vivendo em pleno processo de globalização, de redução de distâncias, de integração entre os povos, com todas as suas vantagens, mas também com todos os seus dilemas e conflitos. Um mundo globalizante, cujo futuro ninguém conhece ou pode prever.

A própria globalização contemporânea, por fim, não surgiu de repente, do nada. Ela é fruto de processos de integração muito anteriores, que se acumularam ao redor do globo nos últimos milênios. Por isso perguntar como se dá um processo de integração, no tempo e no espaço, é uma questão relevante. Não porque todos os processos sejam iguais, mas porque somos o resultado de todos eles, assim como nosso futuro será definido pela maneira como atuarmos como indivíduos, sociedades, religiões, culturas ou Estados, aproximando-nos ou nos afastando no tempo presente, seja cooperando ou competindo entre nós. O mundo mediterrânico não nos oferece respostas precisas, mas nos propõe questões que são contemporâneas e muito importantes.

GRÁFICA PAYM
Tel. [11] 4392-3344
paym@graficapaym.com.br